AF462398

# PETIT MANUEL
# D'HARMONIE

D'ACCOMPAGNEMENT DE LA BASSE CHIFFRÉE

DE RÉDUCTION DE LA PARTITION AU PIANO,

ET DE

**TRANSPOSITION MUSICALE,**

CONTENANT, EN OUTRE,

DES RÈGLES POUR PARVENIR A ÉCRIRE LA BASSE OU UN ACCOMPAGNEMENT DE PIANO SOUS TOUTE ESPECE DE MÉLODIE.

Ouvrage à l'usage des jeunes Pianistes et des Amateurs,

*DÉDIÉ A M. CH. MANRY, SON ÉLÈVE,*

PAR

## A. ELWART,

Ex-pensionnaire de France à Rome, Professeur d'Harmonie au Conservatoire.

**CINQUIÈME ÉDITION.**

PARIS,

CHEZ COLOMBIER, ÉDITEUR DE MUSIQUE,

RUE VIVIENNE, 6, AU COIN DU PASSAGE VIVIENNE.

1870

MUSIQUE TYPOGRAPHIQUE

DE

TANTENSTEIN

*Rue Neuve-des-Poirées, 8.*

Paris — Typographie de Ad. Lainé, rue des Saints-Pères, 19.

# PRELUDE.

Le goût de la musique et sa pratique sont tellement répandus que nous avons pensé qu'un petit Manuel du genre de celui-ci serait accueilli avec quelque faveur par les artistes en général, et les amateurs en particulier.

Si l'harmonie est le complément de toute bonne éducation musicale, on ne peut nier que l'accompagnement et la réduction au piano des partitions d'orchestre, ainsi que la pratique facile de la transposition, ne soient d'une utilité absolue pour les pianistes si nombreux de nos jours. Car, au point où en est à présent l'art musical, un artiste, et même un amateur, se privent d'une foule de jouissances intellectuelles s'ils ne possèdent pas au moins les notions élémentaires de la science des accords.

Pénétré de l'utilité de cet ouvrage, l'auteur ne l'a entrepris qu'après l'avoir long-temps médité ; et c'est le fruit de dix années consacrées à l'enseignement public et particulier qu'il offre aujourd'hui à ses lecteurs.

Il espère que cet ouvrage, peu volumineux et présenté sous la forme d'un in-octavo ordinaire, contribuera à populariser la science harmonique en en rendant les commencements d'un abord plus facile pour ceux qui, sans prétendre jamais devenir des compositeurs émérites, ont cependant la louable ambition de parvenir à pouvoir analyser avec connaissance de cause les ouvrages des grands maîtres de toutes les écoles anciennes et modernes, afin de s'inspirer de beaux modèles qu'ils essaieront d'imiter de loin dans la réalisation de leurs faciles inspirations.

A cet effet, l'auteur de ce livre l'a enrichi de considérations assez étendues sur la formation de la mélodie et sur l'application de l'harmonie destinée à lui servir de brillant manteau, suivant la belle expression de l'auteur des *Orientales*.

Beaucoup de traités d'harmonie et d'accompagnement ont été publiés depuis le commencement du siècle; mais leur format incommode, et surtout le prix élevé dont ils sont cotés, empêchait beaucoup d'artistes et d'amateurs d'en faire l'acquisition.

Cette nouvelle édition que l'éditeur offre au public a été considérablement augmentée par l'auteur, surtout aux sections qui traitent de l'enchaînement des accords, des notes de passage, de la basse sous la mélodie et des différents rhythmes musicaux.

Enfin, ce Manuel redigé sous l'inspiration des plus saines doctrines, et grâce aux importantes additions qui viennent d'être signalées, offre tous les avantages de ceux qui l'ont précédé sans en avoir les inconvénients; de plus, le dernier de ses trois chapitres, celui qui traite de la *transposition au piano*, est une des faces de la théorie pratique dont peu de didacticiens s'étaient encore occupés jusqu'ici, et l'auteur croit l'avoir approfondie avec quelque utilité pour les accompagnateurs pianistes.

# PETIT
# MANUEL D'HARMONIE.

## PREMIÈRE PARTIE.

## DES ACCORDS.

§ 1.

### DÉFINITION DE L'HARMONIE.

L'harmonie est le produit de plusieurs sons musicaux entendus simultanément.

C'est par la superposition de certains degrés de la gamme que se forment les accords.

Il y a deux espèces d'accords : les *consonnants* et les *dissonnants*.

Ces différents accords sont au nombre de quinze, savoir :

1° l'accord parfait majeur.
2° — parfait mineur.
3° — de quinte diminuée
4° — de quinte augmentée.
5° — de sixte augmentée avec quinte juste.
6° — de sixte et quarte augmentées.
7° — de septième dominante (ou de première espèce).
8° — de septième dominante avec quinte augmentée.

9° l'accord de septième de seconde espèce.
10° — de septième de troisième espèce.
11° — de septième de quatrième espece.
12° — de septième de sensible.
13° — de septième diminuée.
14° — de neuvième majeure.
15° — de neuvième mineure.

Les accords parfaits majeur et mineur sont seuls *consonnants;* tous les autres sont *dissonnants*, ou d'un effet moins agréable à l'oreille que les deux premiers.

## § 2.

### DE LA FORMATION DES ACCORDS ET DES INTERVALLES QUI LES COMPOSENT.

Le premier son inférieur de chacun des quinze accords précités prend le nom de *fondamental*, parce qu'il est le plus grave, et supporte tous les autres sons qui concourent à sa formation. De là, l'origine du mot *basse fondamentale*.

Un accord ne peut porter réellement ce nom que s'il présente au moins une succession supérieure de deux tierces, lorsqu'il est *consonnant*, et de trois et même quatre tierces s'il est *dissonnant*.

Ainsi, les intervalles *ut-mi*, entendus simultanément, ne forment pas un accord complet, mais plutôt une *fraction* d'accord. Pour obtenir absolument un accord majeur ou mineur, il faut que deux fractions d'accord, ou deux suites de tierces supérieures, soient exécutées simultanément. Ainsi, UT - MI - SOL (1re tierce, 2e tierce) forment l'accord parfait composé de tonique (ou son fondamental), de tierce (majeure ou mineure), et de quinte (ou dominante).

*Nota.* L'adjonction de l'octave supérieure au *son-tonique* n'ajoute rien à la qualité de l'accord parfait lui-même, mais le complète seulement.

Il y a, comme nous l'avons déjà pressenti, des accords de trois, quatre et même cinq sons réunis.

En voici le tableau, dans lequel on remarquera les différentes qualités des intervalles de chaque accord en particulier.

**Accords de trois sons**, au nombre de quatre:

**Parfait majeur.** — **Parfait mineur.**

quinte juste / tierce majeure / tonique — quinte juste / tierce mineure / tonique

**Quinte diminuée.** — **Quinte augmentée.**

quinte diminuée / tierce mineure / fondamentale — quinte augmentée / tierce majeure / fondamentale

**Accords de quatre sons**, au nombre de neuf:

**Sixte augmentée avec quinte juste.** — **Sixte et quarte augmentées.**

sixte augmentée / quinte juste / tierce majeure / fondamentale — sixte augmentée / quarte augmentée / tierce majeure / fondamentale

**Septième dominante.** — **Septième dominante avec quinte augmentée.**

septième mineure / quinte juste / tierce majeure / fondamentale — septième mineure / quinte augmentée / tierce majeure / fondamentale

**Septième de seconde espèce.** — **Septième de troisième espèce.**

septième mineure / quinte juste / tierce mineure / fondamentale — septième mineure / quinte diminuée / tierce mineure / fondamentale

**Septième de quatrième espèce.** — **Septième de sensible.** — **Septième diminuée.**

septième majeure / quinte juste / tierce majeure / fondamentale — septième mineure / quinte diminuée / tierce mineure / fondamentale — septième diminuée / quinte diminuée / tierce mineure / fondamentale

**Accords de cinq sons**, au nombre de deux:

**Neuvième majeure.** — **Neuvième mineure.**

neuvième majeure / septième mineure / quinte juste / tierce majeure / fondamentale — neuvième mineure / septième mineure / quinte juste / tierce majeure / fondamentale

Un examen attentif du tableau précédent prouvera au lecteur qu'il n'y a réellement que deux *accords-types*,dont tous les autres procèdent plus ou moins directement.

Le premier est l'accord parfait majeur et mineur, et le second celui de septième dominante, ainsi appelé parce qu'on le pose sur le cinquième degré d'une gamme quelconque.

## § 3.

### DES RENVERSEMENTS DES ACCORDS.

Chacune des notes qui concourent à la formation des accords peut être posée à la basse au lieu du son fondamental.

Les *accords de trois sons* ont deux transpositions d'intervalles à la basse, ou *deux renversements.*

Les *accords de quatre sons* en ont trois;

Les *accords de cinq sons* en ont quatre; mais ces renversements sont fort peu usités à cause de l'effet dur qu'ils produisent.

RÈGLES GÉNÉRALES. — Le premier renversement de toute espèce d'accord se pose sur la tierce supérieure au son fondamental.

Le deuxième, sur la quinte.

Le troisième, sur la septième.

Le quatrième, sur la neuvième (peu usité).

Il est bien entendu que, dans le cas d'un renversement quelconque, le son fondamental, déplacé à la basse, doit-être reproduit dans une partie supérieure concuremment avec tous les autres intervalles qui constituent l'accord à son état direct ou non renversé.

## § 4.

### DE LA BASSE CHIFFRÉE.

Au moyen de chiffres placés sur chaque note de basse, on représente les accords supérieurs, qu'ils soient ou qu'ils ne soient pas renversés.

L'accord parfait majeur ou mineur se chiffre par 5.

L'accord parfait mineur accidentellement se chiffre

du bémol ou bécarre nécessaire, suivant le ton. Quelquefois aussi, l'accord parfait accidentellement majeur se chiffre, de même que le mineur, par un 3 précédé du signe altératif nécessaire.

L'accord de quinte diminuée se chiffre par un 5 barré. Exemple : -5- ; (la barre indiquant la diminution de l'intervalle chiffré qui en est affecté).

L'accord de quinte augmentée se chiffre par un 5 précédé d'une petite croix. Exemple: +5 (la croix indiquant l'augmentation de l'intervalle chiffré).

La sixte augmentée avec quinte juste, ainsi : +6

La sixte et la quarte augmentées, ainsi: $\begin{smallmatrix}+6\\ +4\end{smallmatrix}$.

La septième dominante se chiffre par un 7 sous lequel on place un 3 précédé du signe altératif nécessaire pour rendre majeure la tierce de l'accord. Exemple : $\begin{smallmatrix}7\\ \natural 3\end{smallmatrix}$ ou $\begin{smallmatrix}7\\ \sharp 3\end{smallmatrix}$, suivant le ton.

La septième dominante avec quinte augmentée se chiffre ainsi $\begin{smallmatrix}7\\ +5\end{smallmatrix}$.

La septième de seconde espèce, ainsi : $\begin{smallmatrix}7\\ 5\end{smallmatrix}$.

La septième de troisième espèce, ainsi : $\begin{smallmatrix}7\\ -5-\end{smallmatrix}$.

La septième de quatrième espèce, ainsi : 7.

(Quelquefois, on précède le chiffre du signe altératif nécessaire pour rendre majeure la septième.)

La septième de sensible se chiffre ainsi : $\begin{smallmatrix}7\\ -5-\end{smallmatrix}$.

La septième diminuée, ainsi : -7-.

La neuvième majeure ainsi : $\begin{smallmatrix}\natural 9\\ \natural 3\end{smallmatrix}$ ou $\begin{smallmatrix}\sharp 9\\ \sharp 3\end{smallmatrix}$, suivant le ton.

La neuvième mineure ainsi : $\begin{smallmatrix}\natural 9\\ \natural 3\end{smallmatrix}$ ou $\begin{smallmatrix}\flat 9\\ \sharp 3\end{smallmatrix}$, suivant le ton.

Voici un tableau général de tous les accords et de leurs différents renversements, avec les chiffres qui les représentent.

N° 1. — ACCORDS DE TROIS SONS ayant deux renversements :

**A.** Parfait majeur.

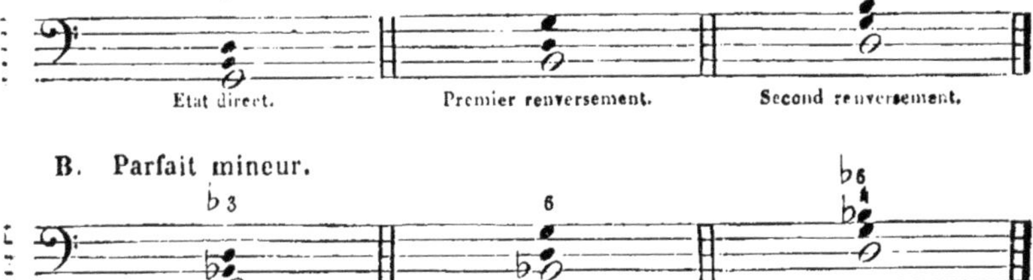

**C. De quinte diminuée.**

Etat direct. Premier renversement. Second renversement.

**D. De quinte augmentée.**

Etat direct. Premier renversement. Second renversement.

## N° 2. — Accords de quatre sons, n'ayant qu'un renversement usité.

**E. De sixte augmentée avec quinte juste.**

Etat direct. Seul renversement usité.

**F. De sixte et quarte augmentées.**

Etat direct. Seul renversement usité.

## N° 2. *bis*. — Accords de quatre sons, ayant trois renversements.

**G. De septième dominante.**

Etat direct. Premier renversement. Second renversement. Troisième renversement.

**H. De septième dominante avec quinte augmentée.**

Etat direct. Premier renversement. Second renversement. Troisième renversement.

(1) Afin de ne pas produire l'effet trop dur que l'augmentation de la quinte rendrait insupportable si elle était frappée contre la septième mineure, on éloigne d'une distance de sixte et de dixième ces deux intervalles l'un de l'autre dans le premier et le second renversement de l'accord. A l'état direct et au dernier renversement, on éloigne aussi la quinte augmentée, mais seulement à l'intervalle supérieur de sixte augmentée de la septième mineure.

**I.** De septième de seconde espèce.

Etat direct. Premier renversement. Second renversement. Troisième renversement.

**J.** De septième de troisième espèce.

Etat direct. Premier renversement. Second renversement. Troisième renversement.

**K.** Septième de quatrième espèce.

État direct. Premier renversement. Second renversement. Troisième renversement.

peu usités.

**L.** De septième sensible.

Etat direct. Premier renversement. Second renversement. Troisième renversement.

peu usités.

**M.** De septième diminuée.

Etat direct. Premier renversement. Second renversement. Troisième renversement.

## N° 3. — Accords de cinq sons ayant quatre renversements.

**N.** De neuvième majeure.

Etat direct. Premier renversement. Second renversem. Troisième renversem. Quatrième renversem

Peu usités.

**O. De neuvième mineure.**

État direct. Premier renversement. Second renversem. Troisième renversem. Quatrième renversem.

Peu usités.

§ 5.

### DE LA PRÉPARATION ET DE LA RÉSOLUTION DE LA DISSONNANCE PRINCIPALE DANS CHAQUE ACCORD DISSONNANT.

Toute note qui produit dissonnance avec la basse dans un accord a besoin d'être préparée et résolue. Cette règle est obligatoire afin d'amoindrir l'effet dur et particulier à tout intervalle dissonnant.

Avant d'aller plus loin, voici les noms des intervalles consonnants, mixtes et dissonnants.

*Consonnants :* La tierce majeure ou mineure, la quinte, l'octave et la dixième.

*Mixtes :* La seconde augmentée, les quartes augmentée et juste, la quinte diminuée et les septièmes mineure et diminuée.

*Dissonnants :* La seconde mineure et majeure, la tierce et la quarte diminuées, les quintes et sixtes augmentées, la septième majeure, la septième de sensible, les neuvièmes mineure et majeure.

#### DE LA PRÉPARATION D'UNE DISSONNANCE.

On prépare une dissonnance en faisant entendre d'avance la note qui la produira dans l'accord spécial, mais en ayant soin quelle soit consonnante à l'accord préparatoire.

Exemple dans lequel la septième de sensible est préparée :

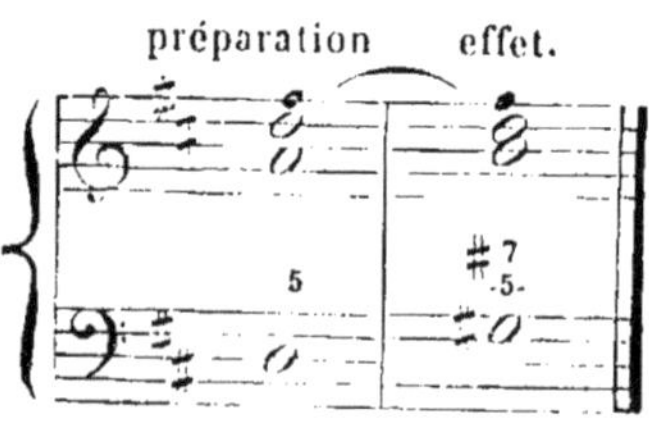

### DE LA RÉSOLUTION D'UNE DISSONNANCE.

L'effet dissonnant étant produit, on résout la note dissonnante en la faisant descendre d'un degré sur la note inférieure; cette règle a peu d'exceptions, et la note résolutoire fait à son tour partie d'un accord consonnant, à moins que l'on ne fasse une suite de septièmes, par exemple, comme cela sera expliqué dans la section suivante.

Exemple dans lequel la septième de sensible, préparée et produite précédemment, est *résolue*.

préparation effet résolution.

On prendra les précautions précédentes lorsqu'on voudra préparer n'importe quel accord dissonnant.

## § 6.

### DES MARCHES DE SEPTIÈMES.

On appelle *marche* une suite de septièmes dominantes, diminuées ou même de différentes espèces mêlées, qui se succèdent en faisant à la basse un mouvement de quinte en descendant et de quarte en montant.

Il faut avoir le soin de préparer la première septième, si elle n'est pas dominante ou diminuée; dans tous les cas, on doit résoudre la dernière septième sur un accord consonnant.

Exemple 1. — Marche de septièmes dominantes.

**Exemple 2. — Marche de septièmes diminuées.**

Exemple 3. — Marche de septièmes de différentes espèces mêlées.

Lorsqu'on fait une marche semblable, il suffit de placer le chiffre 7 au-dessus de chaque note pour guider l'accompagnateur ; cette marche prend le nom de progression *fictive*. Si on la pratiquait dans le ton d'*ut* mineur, par exemple, elle mènerait dans le ton synonyme majeur, mais augmenté d'un nombre prodigieux de bémols ; alors, elle deviendrait progression *réelle*, parce que toutes les septièmes devraient être *dominantes* et non pas mêlées comme dans la progression fictive précédente.

Exemple d'une progression réelle d'*ut* mineur en *ut* bémol majeur.

Remarquez que les septièmes supérieures descendent toutes d'un degré ainsi que la tierce de chaque nouveau son fondamental. On donne aussi le nom de marche ou progression harmonique à toute espèce d'intervalle qui fait un dessin symétrique à la basse.

**Exemple d'une marche de secondes :**

On peut faire des marches de ce genre à tous les intervalles renfermés entre une tonique quelconque et son octave supérieure.

§ 7.

## DE LA POSITION ET DE LA RÉSOLUTION NATURELLE A CHACUN DES QUINZE ACCORDS NON RENVERSÉS.

L'*accord parfait majeur* se pose sur les premier, quatrième et cinquième degrés d'une gamme majeure. Il se pose aussi sur les troisième, sixième et septième degrés d'une gamme mineure. Il n'a pas de résolution fixe. On peut faire une suite d'accords parfaits majeurs.

L'*accord parfait mineur* se trouve sur les second, troisième et sixième degrés de la gamme majeure, et sur les premier, quatrième et cinquième degrés de la gamme mineure. Il n'a pas de résolution fixe. On peut faire une suite d'accords parfaits mineurs.

L'*accord de quinte diminuée* se pose sur le septième degré du ton majeur et sur le second degré du ton mineur. Dans le premier cas, il se résout sur la tonique; dans le second, il se résout sur la dominante du ton mineur, avant de conclure à la tonique de ce mode.

La quinte diminuée doit descendre d'un degré. Exemple :

résolution majeure. résolution mineure.

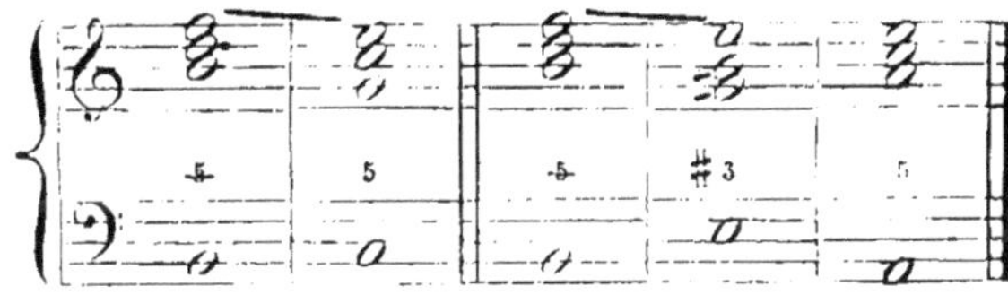

L'*accord de quinte augmentée* se pose sur la dominante du seul ton majeur; sa résolution ordinaire a lieu sur la tonique. La quinte augmentée doit monter d'un degré.

Il faut préparer la quinte augmentée. Exemple :

préparation effet résolution.

La *sixte augmentée* avec *quinte juste* et la *sixte et quarte augmentées* se posent sur le quatrième degré de la gamme majeure et sur le sixième de la gamme mineure; leur résolution a lieu sur la dominante du mode mineur.

La préparation de la sixte augmentée n'est pas de rigueur. Exemple :

La *septième dominante* se pose sur la quinte des modes majeur et mineur. Exemple 1.

La *septième dominante avec quinte augmentée* se pose seulement sur le cinquième degré du mode majeur. Il faut préparer la quinte augmentée, et l'éloigner, comme on l'a déjà dit, de la septième, afin d'éviter l'intervalle trop dur de tierce diminuée. Exemple 2.

Ex. 1. Ex. 2. prép. effet résol.

Il est inutile de préparer la septième mineure de ces accords, parce que son effet n'est pas très désagréable à l'oreille.

Les *septième de seconde et de troisième espèces* se posent, l'une et l'autre, sur le second degré; la première sur celui du ton majeur, et la seconde sur celui du ton mineur; leur résolution a lieu sur la dominante de l'un ou l'autre ton majeur et mineur. Il faut préparer la septième mineure à cause de la *minorité* de la tierce de l'accord. Ex. :

prépar. effet résolut. concl. prépar. effet résol concl.

La *septième de quatrième espèce* se pose sur le quatrième degré du ton majeur ou sur le sixième degré du ton mineur. Il faut la préparer. Sa résolution a lieu sur la septième de troisième espèce, qui se résout sur la septième dominante avant de conclure dans le mode mineur. Exemple :

prép. effet 1re résol. 2e résol. concl.

5 7 7 -5- ♯7 3 5

La *septième de sensible* se pose sur le septième degré du mode majeur; sa résolution a lieu sur la tonique. Sa préparation n'est pas obligatoire. Exemple :

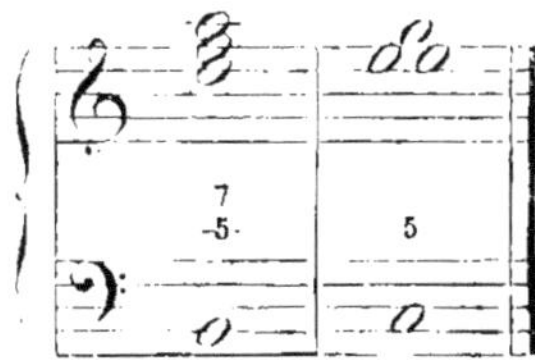


La *septième diminuée* se pose sur la note sensible (septième degré) du mode mineur; sa résolution a lieu sur la tonique. Sa préparation n'est pas indispensable. Exemple :

Les *neuvièmes majeure et mineure* se posent sur la dominante du mode, et se résolvent sur les toniques correspondantes à leurs dénominations génériques.

Lorsqu'on prépare la neuvième, son effet est moins déchirant. Exemple :

prép. effet résol. prép. effet résol.

On doit supprimer la quinte de ces accords.

## § 8.

### DES CADENCES HARMONIQUES.

On appelle ainsi les différentes successions ou formules d'accords par lesquels on termine, suspend ou change le sens logique d'une phrase musicale accompagnée d'harmonie.

Il y a quatre espèces de cadences :

1° La demi-cadence ;

2° La cadence-parfaite ;

3° La cadence plagale ou d'église ;

4° La cadence rompue.

Elles se formulent le plus ordinairement en faisant entendre de suite la sous-dominante et la dominante du ton dans lequel on module, cette dernière portant d'abord le renversement $\frac{6}{4}$, et ensuite l'accord parfait ; mais ce n'est qu'en terminant que chacune d'elles aboutit à l'accord qui lui est propre pour préciser sa qualité.

La *demi-cadence* a pour objet de retarder le sens final harmonique ; à cet effet, elle termine soit sur le premier renversement de l'accord parfait, soit en faisant un petit repos sur l'accord de dominante du ton principal. Exemple :

Demi-cadence sur le premier renversement. *Idem* sur la dominante.

La *cadence parfaite* termine sur la tonique elle-même. Exemple :

La *cadence plagale*, au lieu de résoudre la sous-dominante sur la dominante avant de conclure à la tonique, porte de suite sur ce dernier accord final. Exemple :

Cette cadence s'emploie de préférence dans la musique religieuse, et produit plus d'effet lorsque le ton est mineur, et que, par exception, on fait majeur le dernier accord de tonique finale. Exemple :

La *cadence rompue*, après avoir procédé par la *sous-dominante* et la *dominante* portant le renversement $\frac{6}{4}$ et l'accord parfait, attaque subitement un ton étranger à celui qu'on pressentait, et rompt ainsi le sens harmonique. Exemple :

Lorsqu'après la dominante on prend un accord dans lequel une ou plusieurs notes de cet avant-dernier accord sont conservées, la cadence rompue change son nom en celui de *transition*. Exemple :

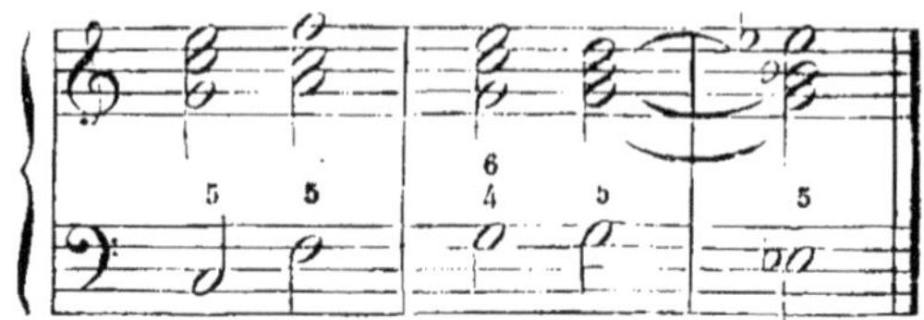

## § 9.

### DES MODULATIONS.

Il y a trois espèces de modulations: la *diatonique*, la *chromatique* et l'*enharmonique*.

On produit la première en passant alternativement sur tous les degrés d'un ton majeur ou mineur, mais sans employer aucun signe accidentel étranger à ce ton arbitrairement choisi. Exemple:

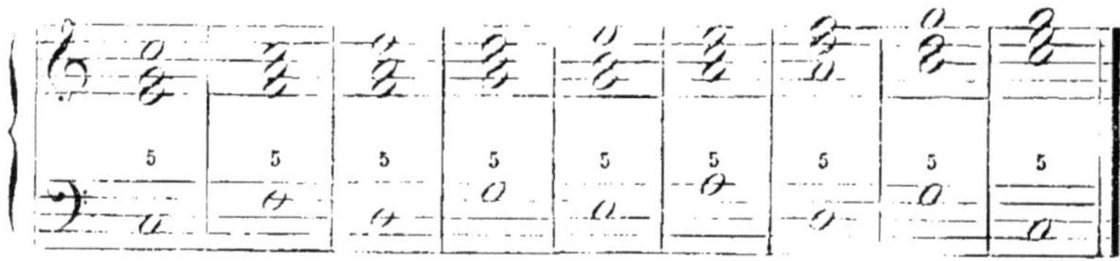

C'est, au contraire, en employant les signes altératifs qu'on produit la modulation *chromatique*, soit en montant ou en descendant. Exemple:

La modulation *enharmonique* se formule en donnant, par exemple, à une note diésée la résolution inférieure qu'elle aurait comme note bémolisée, ainsi qu'on peut en faire l'expérience sur le piano où une *seule* et *même touche* est, tout à la fois, note naturelle, note diésée et note bémolisée. L'*et vice versa* a lieu à l'égard d'une note naturelle ou diésée.

Le bécarre peut aussi représenter tout à la fois un dièse, s'il fait monter la note qu'il affecte, ou un bémol, s'il la fait descendre.

Il y a trois accords auxquels leur double faculté résolutive a fait donner le nom d'*accords enharmoniques;* ce sont :

1° La septième dominante.

2° La sixte augmentée (avec quinte juste).

3° La septième diminuée.

**1° Modulation enharmonique par la septième dominante (le bécarre change en dièse) :**

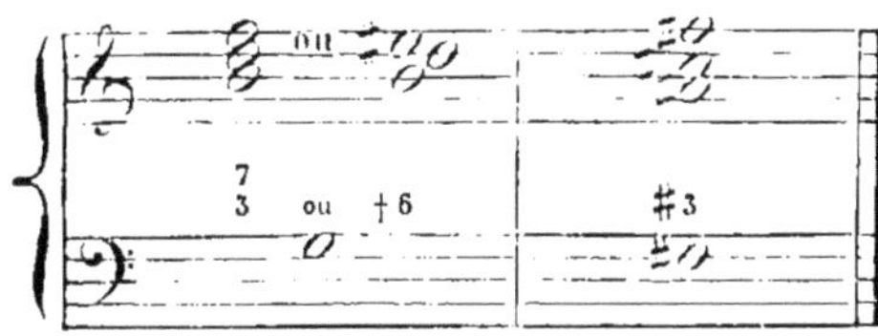


**2° Modulation enharmonique par la sixte augmentée avec quinte juste (le dièse changé en bémol) :**

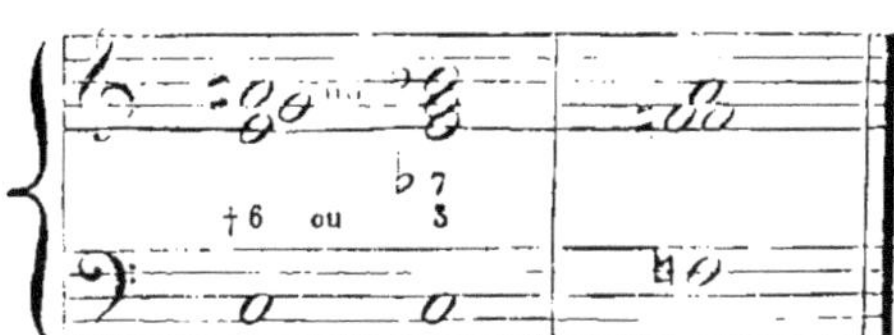


**3° Modulation enharmonique par la septième diminuée (le bémol changé en dièse) :**

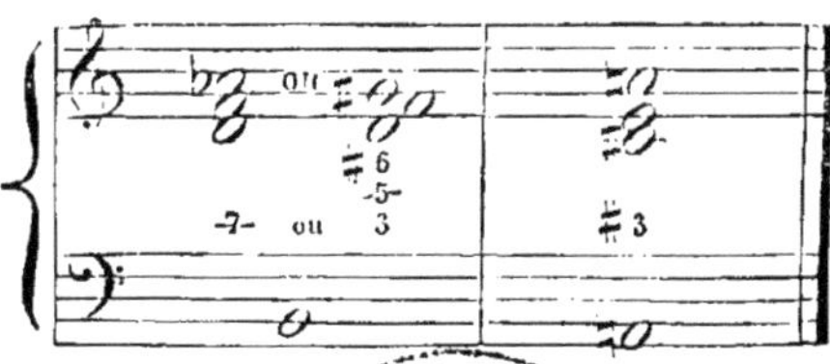


Ces différentes modulations enharmoniques produisent un grand effet lorsqu'elles sont employées avec à propos par un compositeur intelligent.

## § 10.

### DES TROIS DIFFÉRENTS MOUVEMENTS QU'IL FAUT IMPRIMER AUX PARTIES HARMONIQUES, AFIN D'ENCHAÎNER NATURELLEMENT LES ACCORDS.

On doit toujours, lorsqu'une succession d'accords est diatonique, imprimer à chacune des notes qui la composent la marche naturelle que ces différentes notes occupent dans la gamme d'*ut* primitive. Si, par exemple, l'accord de SOL majeur se résout sur celui d'UT majeur, le *si* (la tierce du premier accord) se résoudra sur l'*ut*, le *ré* sur le *mi*; le *sol* (octave) restera en place, et enfin le *sol* (son fondamental) montera ou descendra sur l'*ut*, tonique de l'accord final. Les deux sons, *si* et *ré* suivent cette marche, parce que, dans la gamme d'UT, le premier de ces deux sons se résout naturellement sur l'*ut*, et que le dernier monte par la même raison sur le *mi*. Quant au son commun aux deux accords de *sol* et d'*ut* (le *sol*), il ne change pas de position, parce que dans les deux accords en question il est l'octave du premier et la quinte du second. La résolution du son fondamental *sol* est facultative sur l'*ut* tonique ou sur l'*ut* octave, parce que la note *sol*, dans la gamme d'*ut*, mène aussi bien à l'une ou à l'autre de ces deux positions naturelles à la tonique.

Exemple :

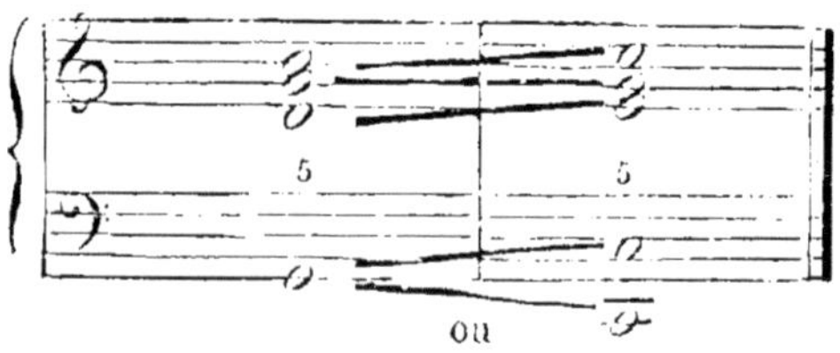


Ces différentes résolutions expriment chacune un mouvement. Le *si* et le *ré*, montant simultanément sur l'*ut* et le *mi*, s'y résolvent par mouvement SEMBLABLE; le *sol*, deux fois répété, fait un mouvement OBLIQUE, et la note fondamentale de la première mesure, si on la résout sur l'*ut* inférieur, fait un mouvement CONTRAIRE avec les notes *si* et *ré*, tandis qu'elle oblique avec les *sol* tenus par la troisième partie supérieure.

La septième dominante offre aussi, lorsqu'elle se résout sur sa tonique naturelle, l'emploi simultané des trois mouvements *semblable*, *oblique* et *contraire*. Exemple :

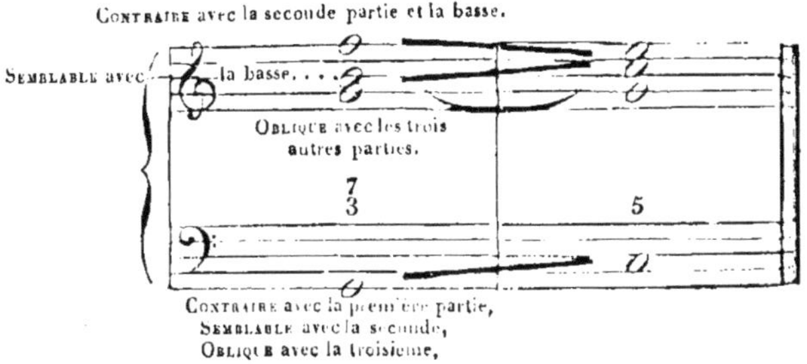


## § 11.

### DES QUINTES ET DES OCTAVES DE SUITE, RÉELLES ET CACHÉES. BASSES A CHIFFRER ET A REMPLIR AFIN DE METTRE EN PRATIQUE TOUS LES ACCORDS DU SYSTÈME.

Il y a deux cas où, en fesant entre la basse et une des parties supérieures un mouvement semblable, on commet une faute contre la pureté harmonique. C'est lorsque, par suite de ces mouvements parallèles, deux quintes justes (Ex. 1), ou deux octaves (Ex. 2), sont écrites soit en montant, soit en descendant.

Exemple 1. — Deux quintes de suite.

En montant. En descendant.

Exemple 2. — Deux octaves de suite.

En montant. En descendant.

8 8 8 8

Presque toujours ces deux fautes sont commises simultanément. Afin d'éviter la première (les deux quintes de suite) dont l'effet est très dur, et la seconde (les deux octaves de suite) dont le résultat final appauvrit l'harmonie, on se sert du mouvement *contraire*.

Exemples dans lesquels les deux quintes et octaves de suite précédemment indiquées sont évitées par le moyen du mouvement contraire :

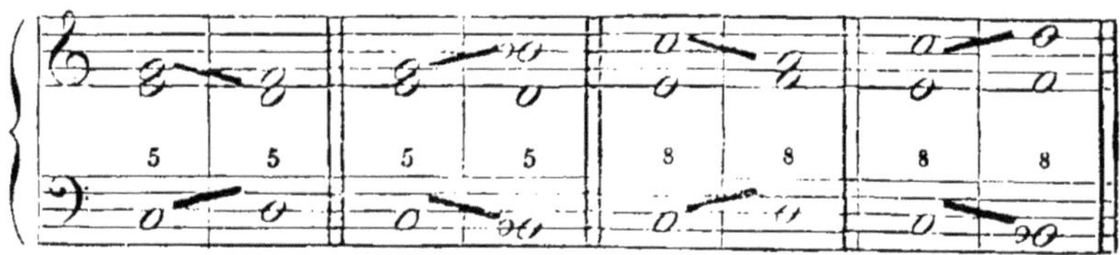


Pourtant, par le mouvement contraire, on peut faire de suite et des quintes et des octaves ; mais alors il faut absolument écrire l'harmonie à trois parties. Exemples :

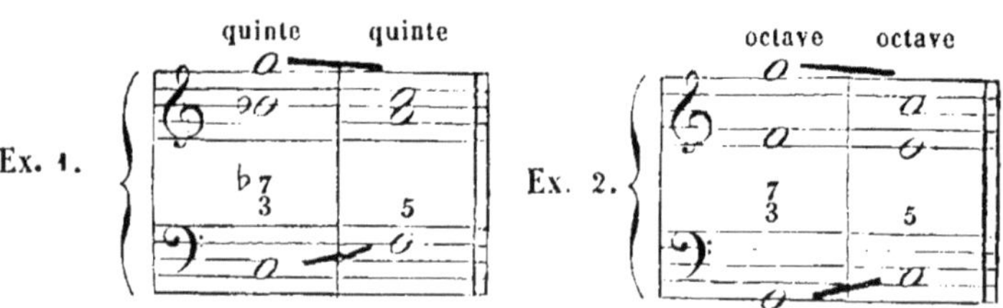


Les octaves de suite par mouvement contraire, entre la basse et la partie la plus haute, se font de préférence aux quintes, à cause de la crudité harmonique qui résulte du repos de la seconde quinte sur la fondamentale finale ; cependant, placées dans une partie intermédiaire, les deux quintes de suite par mouvement contraire remplissent fort bien l'harmonie.

Exemple de deux quintes de suite par mouvement contraire dans une partie intermédiaire :

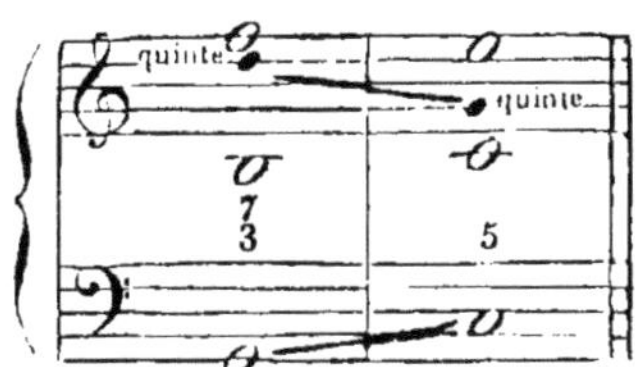


On commet aussi assez souvent deux fautes moins légères en fesant soit deux quintes ou deux octaves de suite, dont la première est *cachée* (ou sous-entendue), et la seconde *réelle* (ou écrite). Si ces petites incorrections ne sont pas remarquées dans la partie la plus élevée de l'harmonie, elles deviennent alors bien légères.

Exemple de deux quintes cachée et réelle de suite :

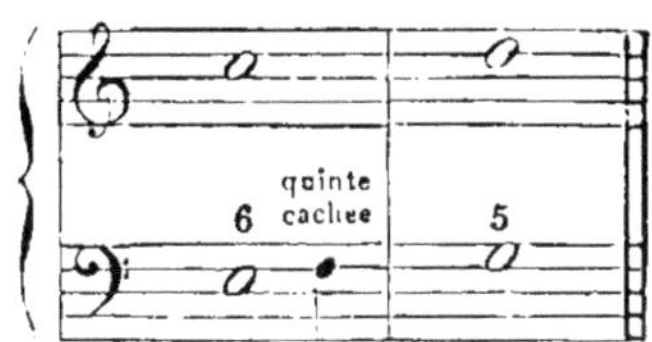


Exemple de deux octaves cachée et réelle de suite :

Lorsqu'entre la basse et la partie haute il y a un intervalle de dixième au lieu d'un intervalle de sixte, ainsi qu'on le voit dans l'exemple précédent, les deux octaves cachée et réelle, quoiqu'existantes, sont de beaucoup atténuées, et cette légère incorrection de style peut être commise sans difficulté. Exemple :

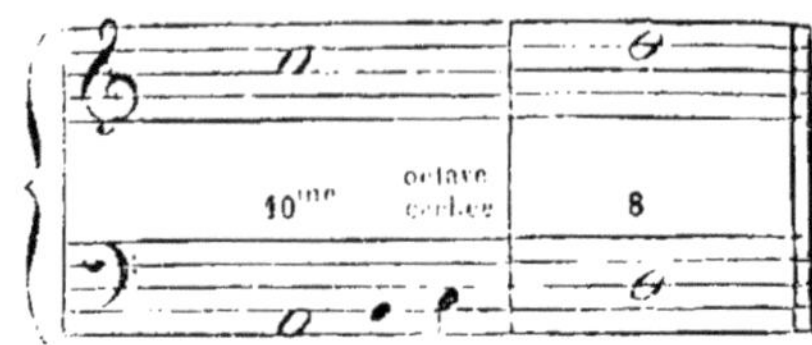


Observons, en terminant cette section, que les quintes et octaves réelles de suite sont également défendues entre les parties supérieures, abstraction faite de la basse.

Voici, pour terminer, une suite de basses dans chacune desquelles un des quinze accords est employé spécialement avec ses renversements. Le lecteur observera que l'accord et ses renversements, qui font l'objet de chacune de ces basses, ne sont pas chiffrés, afin de l'obliger à avoir recours au tableau page 5. De plus, le lecteur devra remplir, sur une ligne qu'il ajoutera, l'harmonie à quatre parties exigée par ces différentes basses.

A. Emploi des accords parfaits majeur et mineur et de leurs renversements :

B. Emploi de l'accord de quinte diminuée.

**C. Emploi de l'accord de** quinte augmentée :

**D.** Emploi de la sixte augmentée et quinte juste :

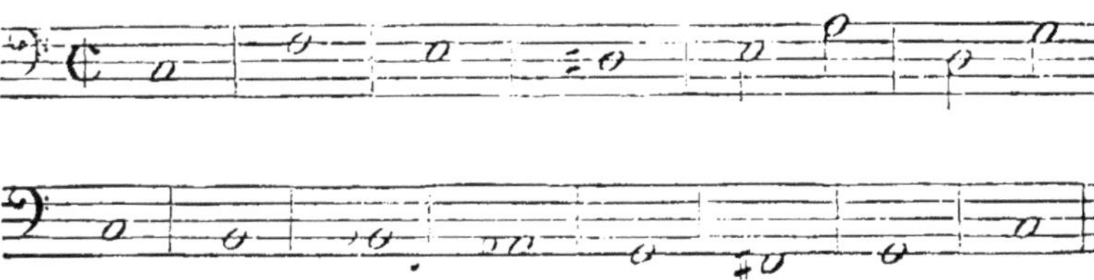

**E.** Emploi de la sixte et quarte augmentées :

**F.** Emploi de la septième dominante, ou de première espèce :

**G.** Emploi de la septième dominante avec quinte augmentée :

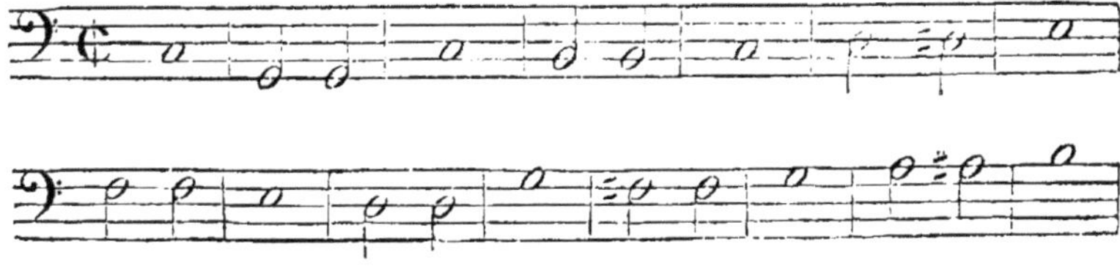

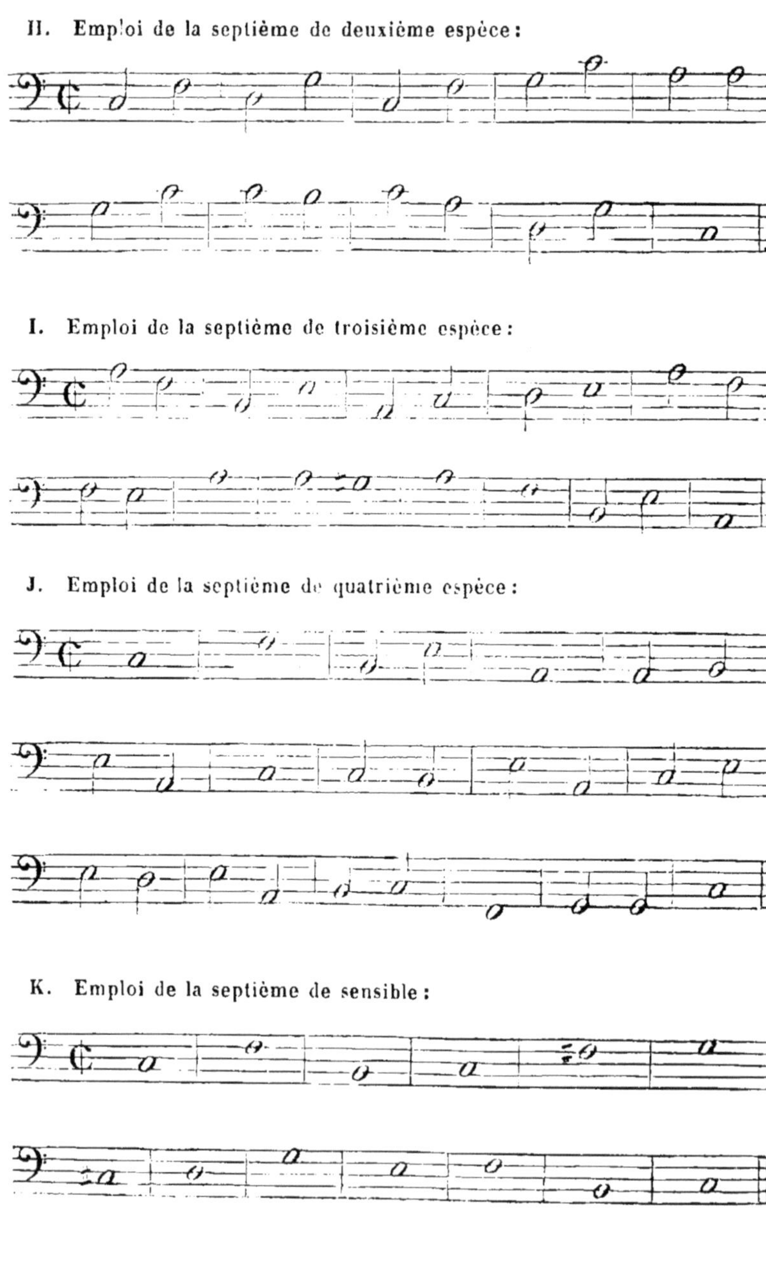
H. Emploi de la septième de deuxième espèce :
I. Emploi de la septième de troisième espèce :
J. Emploi de la septième de quatrième espèce :
K. Emploi de la septième de sensible :

**L.** Emploi de la septième diminuée :

**M.** Emploi de la neuvième majeure[1] :

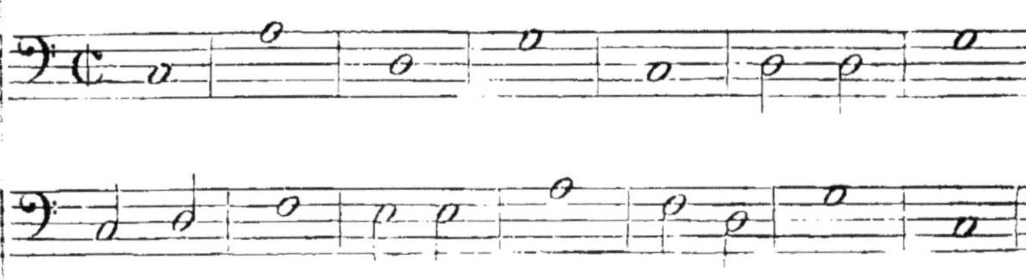

**N.** Emploi de la neuvième mineure[2] :

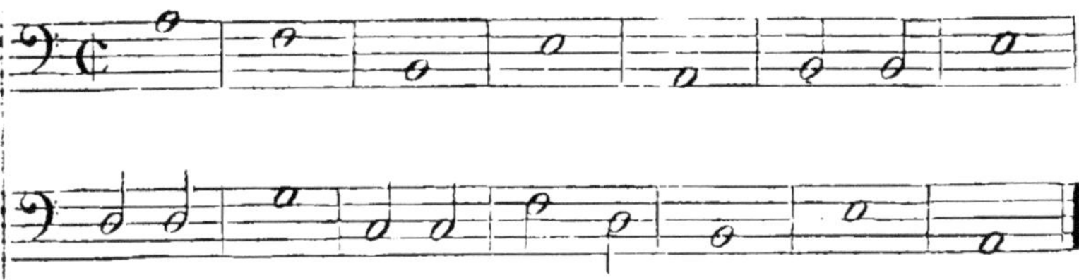

Les élèves devront transposer ces basses dans tous les tons avec dièses et bémols afin de parvenir en peu de temps à pratiquer facilement tous les accords du système, n'importe dans quel ton composé que ce soit.

---

(1) Les renversements de la neuvième majeure n'ont pas été employés parce qu'ils ne sont pas usités.

(2) Même omission des renversements de la neuvième mineure, à cause de leur non emploi dans la pratique.

## § 12.

# RÉSUMÉ HARMONIQUE.

Grande basse chiffrée à réaliser à *quatre parties* (les trois premières, **écrites** pour la main droite du piano), dans laquelle tous les accords, à l'état ***direct*** et *renversé*, sont employés suivant l'ordre établi dans leur classification, ainsi que les quatre **CADENCES HARMONIQUES**; les trois **MODULATIONS** *diatonique*, *chromatique* et *enharmonique*; les deux **TRANSITIONS** *simple* et *composée*; les **MARCHES** de *septièmes*, etc.

(*) Le trait ——— placé sur un certain nombre de notes indique, dans le cas présent, que ces notes *passent* sous l'harmonie. Ce même trait indique aussi quelquefois que les notes qu'il surmonte sont intégrantes aux accords (voir la section 2 de la TROISIÈME PARTIE).

10. — Septième de troisième espèce.

tièmes mêlées, ou *progression fictive*.

13. — Septième diminuée.

Modulation enharmonique.

Transition simple.

Transition composée.

14. — Neuvième majeure.

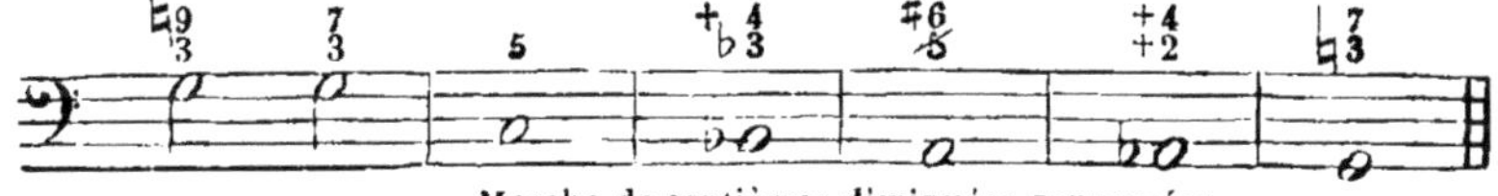

Marche de septièmes diminuées renversées.

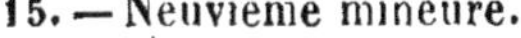

15. — Neuvième mineure.

Cadence plagale.

# DEUXIÈME PARTIE.

# DE L'HARMONIE ARTIFICIELLE.

## OU DES NOTES DE PASSAGE.

### § 1.

### NOMENCLATURE DES NOTES DE PASSAGE.

On donne le nom générique d'*harmonie artificielle*, et la dénomination particulière de *notes de passage*, à certains intervalles mélodiques qui, quoique entendus supérieurement ou inférieurement avec l'harmonie, sont pourtant étrangers à cette même harmonie, et ne font que *passer* entre les notes intégrantes aux accords.

Il y a six espèces de notes de passage.

1° La note de passage *simple*;

2° L'appoggiature;

3° L'anticipation;

4° La syncope;

5° La suspension;

6° La pédale.

### § 2.

### DE LA NOTE DE PASSAGE SIMPLE.

Pour qu'une note puisse être de passage *simple*, il faut qu'elle soit précédée et suivie d'autres notes faisant partie réelle de l'harmonie accompagnatrice. Cependant, on peut faire deux notes de passage de suite, et même plusieurs notes du même genre, si ces notes se suivent diatoniquement ou chromatiquement. Il suffit alors que la première et la dernière note de la phrase musicale soient ***réelles***. **De plus**, toutes les six espèces de notes de passage dont il va être parlé pourront être doublées, soit à la tierce ou à la sixte pour les cinq premières, et à la quinte pour la dernière.

Exemple 1. — Notes de passage simple:

Exemple 2. — Notes de passage simple doubles.

*Nota.* Les croix indiquent les notes de passage.

Exemple 3. — Notes de passage simple diatoniques.

Exemple 4. — Notes de passage simple chromatiques.

Si l'intervalle est disjoint, la note cesse d'être passagère, et devient réelle lorsque, par sa nature, elle ne fait pas partie intégrante de l'accord nouveau, ou déjà entendu.

Exemple 5, vicieux.

Exemple 5, rectifié.

§ 3.

DE L'APPOGGIATURE.

L'*Appoggiature* est une note de goût qui précède, à un degré inférieur ou supérieur, la note réelle. Exemple:

Dans la musique un peu ancienne, l'appogiature est souvent indiquée en petites notes. Exemple:

Les traits suivants sont aussi des variétés d'appoggiature. Exemple :

Ou :

(Même harmonie pour l'accompagnement que celle de l'exemple précédent.) Ou enfin :

## § 4.

### DE L'ANTICIPATION.

L'*Anticipation* est une note qui, quoique appartenant à l'accord qui vient après elle, s'exécute pourtant avant le changement d'harmonie dont elle doit toujours être partie intégrante. Exemple :

Ou :

§ 5.

DE LA SYNCOPE.

La *Syncope* est une note qui s'attaque sur le temps *faible* (ou non frappé de la mesure), et se prolonge sur le temps *fort* (ou frappé), quoique ce ne soit que sur le premier de ces deux temps (le faible), qu'elle s'harmonise avec la basse et les autres parties accompagnatrices. Exemple :

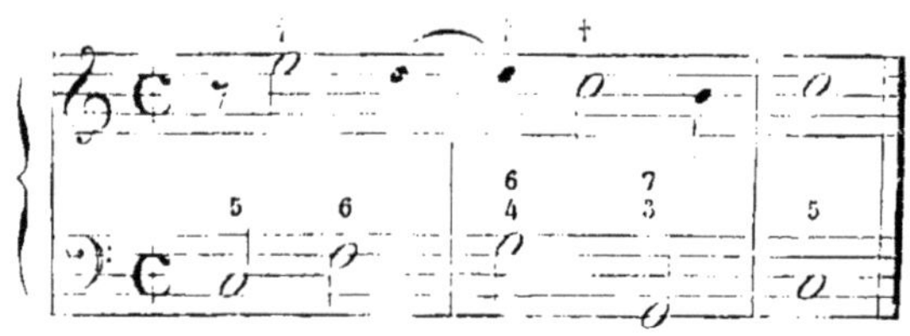


§ 6.

DE LA SUSPENSION.

La *Suspension* est une note qui, au lieu de terminer sur celle qui la suit naturellement, retarde, à un degré supérieur ou inférieur, cette même note ; ce qui fait passagèrement une dissonance sur l'accord final.

*Nota.* Chaque degré d'un accord quelconque peut-être suspendu. Il y a sept espèces de suspensions, ainsi formulées.

N° 1. — Suspension de la tierce par la seconde :

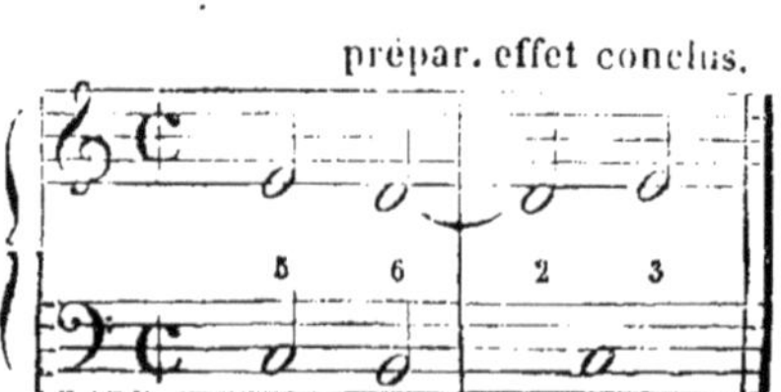

Remarquez que la note qui prépare la suspension doit avoir une valeur égale de durée à la suspension elle-même.

N° 2. — Autre suspension de la tierce par la quarte supérieure :

N° 3. — Suspension de la sixte par la septième supérieure :

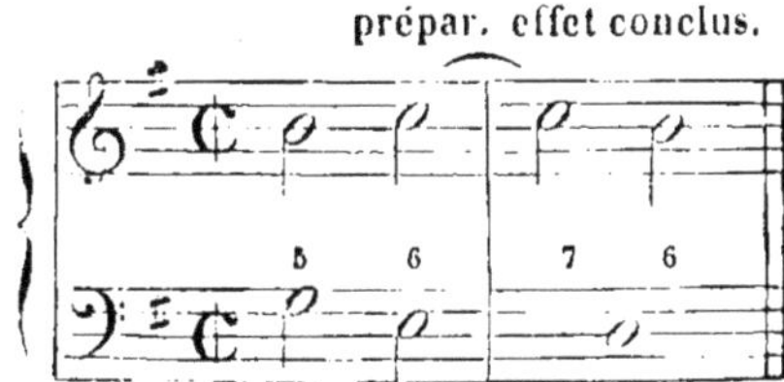


N° 4. — Autre suspension de la sixte par la septième et la tierce :

N° 5. — Autre suspension de la sixte par la seconde, mais formulée à la basse :

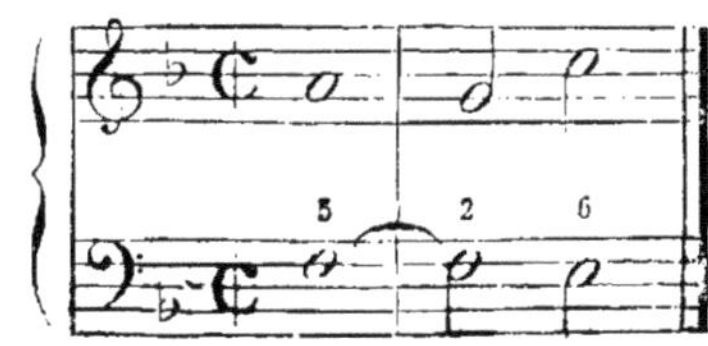

**N° 6. — Suspension de l'octave par la septième :**

prépar. effet conclus.

5 5 7 8

N° 7. — **Autre suspension de l'octave par la neuvième :**

On peut faire entendre plusieurs suspensions simultanément, et même toutes les différentes variétés de ce genre de note de passage peuvent être exécutées à la fois.

Exemple de deux suspensions simultanées :

Exemple de trois suspensions simultanées :

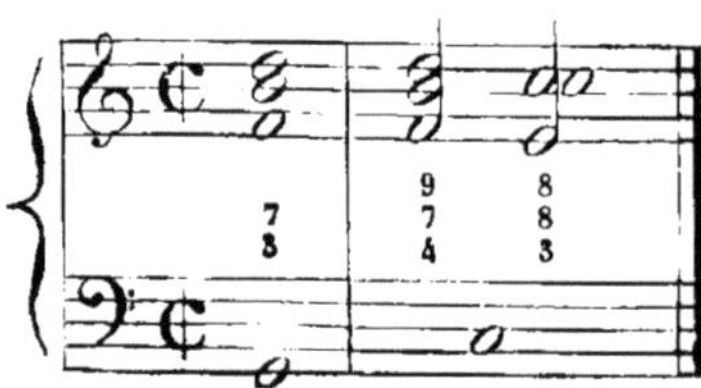

Exemple de quatre suspensions simultanées :

Autre exemple de quatre suspensions simultanées, avec une basse qui était fort en usage autrefois :

## § 7.

### DE LA PÉDALE.

La *Pédale* est une tenue que l'on fait le plus généralement à la basse, soit sur la tonique ou sur la dominante du ton principal ou incidentel.

On fait aussi des pédales intérieures ou supérieures, et même doubles à la basse.

La pédale, différant de la tenue ordinaire en ce qu'elle est *passagère* sur une série d'accords dont elle ne fait pas partie, est donc une *dissonnance* qui, comme les intervalles de ce genre, a besoin d'être *préparée* et *résolue*.

L'harmonie étrangère à la *pédale* aura pourtant une suite logique, n'importe qu'elle position on ait donné à l'espèce de note-pédale.

Exemple d'une pédale à la basse sur la dominante, pour conclure à la tonique principale :

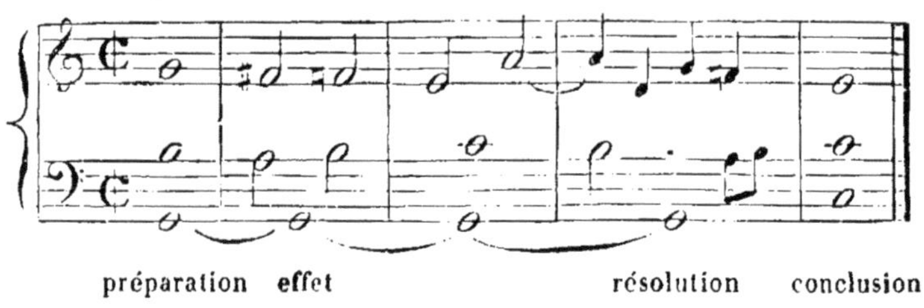


Même exemple supérieur sous lequel la pédale double à la basse est pratiquée :

Autre exemple de pédale inférieure sur la tonique principale :

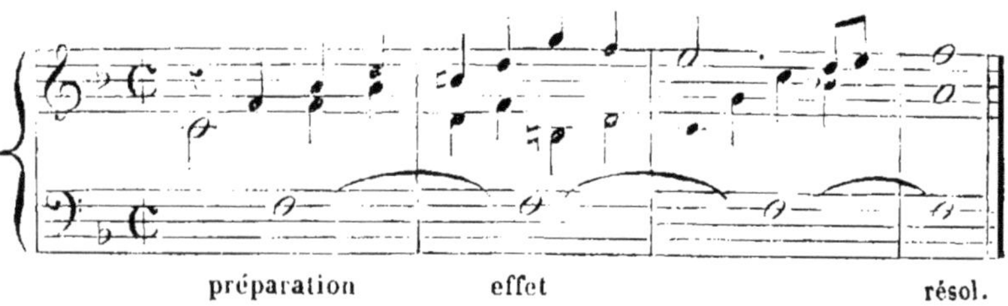


Exemple d'une pédale intérieure :

Exemple d'une pédale supérieure :

La pédale placée à la basse, produisant plus d'effet que dans toute autre partie supérieure ou intérieure, est, par conséquent, la plus usitée dans la pratique.

Disons, en terminant cette section, et pour fixer nos lecteurs sur la valeur respective des notes réelles et de passage, que les premières sont à la formation de la mélodie ce que les *voyelles* sont à celle des mots ; tandis que les secondes, espèces de *consonnes musicales,* ne peuvent avoir un sens que grâce à leur adjonction avec les premières.

§ 8.

## CONSEILS SUR LA MANIÈRE DE FAIRE UNE BASSE, ET PAR SUITE UN ACCOMPAGNEMENT DE PIANO SOUS TOUTE ESPÈCE DE MÉLODIE.

Quoique les règles de l'harmonie, que nous avons exposées précédemment, donnent au compositeur plusieurs moyens de varier les basses d'une mélodie originale, nous devons, dans cette section toute spéciale, approfondir cette question intéressante en présentant à nos lecteurs, non seulement des raisonnements appuyés sur des faits, mais aussi analyser, avec un soin tout particulier, les deux éléments constitutifs de toute composition musicale, n'importe à quel ordre elle appartienne ; savoir : la mélodie d'une part, et l'harmonie qui l'accompagne de l'autre.

Car, si les ressources harmoniques offrent aux compositeurs une grande variété de basses sous une même mélodie, il n'en est pas moins vrai que cette extension donnée à l'application des accords peut-être soumises à certaines règles dont l'observation est d'un secours efficace aux personnes désireuses, non pas de composer de grands morceaux, mais au moins de parvenir à écrire et à accompagner correctement et avec effet leurs simples et faciles inspirations. Mais comme notre but, en publiant ce *Petit Manuel d'Harmonie*, n'a pas été de présenter au public un Cours de *haute composition musicale*, ce sera plutôt aux amateurs qu'aux artistes que nous adresserons les quelques lignes suivantes; et nous avons la ferme conviction que leur méditation, venant en aide à une expérimentation suivie mais peu fatigante, les mettra bientôt à même d'écrire sous une mélodie quelconque une harmonie pure et pittoresque.

## § 9

### DES TEMPS FORTS ET FAIBLES DES TROIS MESURES SIMPLES, COMPOSÉES ET DÉRIVÉES.

Déjà, dans la cinquième section qui traite de la *syncope*, nous avons fait pressentir au lecteur la position des temps forts et faibles; dans cette section spéciale nous allons lui donner tous les renseignements possibles sur la qualité forte ou faible des temps qui remplissent chaque espèce de mesure, et nous lui offrirons ensuite un tableau rétrospectif des six espèces de notes de passage, considérées suivant la position que chacune d'elles doit occuper sur les temps forts ou faibles de la mesure.

Le premier temps frappé de toute espèce de mesure est le temps *fort* par excellence, le second est *faible*. Si la mesure est à quatre temps, le troisième temps est fort, mais avec moins d'intensité que le premier (le frappé), et le quatrième est encore plus *faible* que le second. La même remarque est applicable à toutes les autres mesures.

Exemples notés des temps forts et faibles des trois mesures simples :

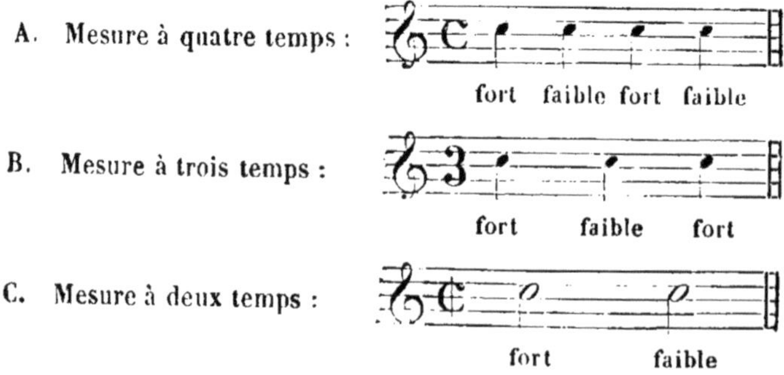

Lorsque le mouvement est lent, on peut subdiviser chacun des temps simples en temps composés forts et faibles.

La mesure à deux temps employée pour un morceau *adagio* est identique à celle à quatre temps, quoique ne se battant pas de même.

Voici sur quels temps forts et faibles on peut poser chacune des notes de passage dont la nomenclature a été donnée page 25.

1° La NOTE DE PASSAGE SIMPLE ne peut se poser sur le premier temps fort d'aucune mesure; mais on peut la poser sur le second temps de même espèce pourvu qu'elle soit précédée d'une note réelle[1].

2° L'APPOGGIATURE se pose sur le premier et le second temps forts ainsi que sur le premier temps faible, mais jamais sur le second temps de cette espèce.

3° L'ANTICIPATION ne se fait que sur l'extrémité du premier ou du second temps faible.

4° La SYNCOPE, toujours consonnante sur le premier ou le dernier temps faible, n'est dissonnante que sur le second temps fort de la mesure dans laquelle on l'emploie. — Elle est aussi dissonnante sur le premier temps fort de la seconde mesure, si on l'emploie dans deux mesures consécutives.

5° La SUSPENSION se prépare sur le second temps fort de la première mesure, produit son effet sur le premier temps fort de la mesure suivante, et se résout sur le second temps fort de cette même mesure.

6° La PÉDALE se prépare et se résout toujours sur le premier temps fort de la mesure.

---

(1) Cependant, si deux notes de passage se suivent diatoniquement ou chromatiquement, la seconde note peut se faire sur le second temps fort de la mesure

On peut encore considérer tous les temps de la mesure comme *forts* en plaçant un accord nouveau sous chacune des notes qui les remplissent ; mais, dans ce cas, il faut que le mouvement ne soit pas très vif afin d'éviter de rendre confuse la succession harmonique. Les mesures composées et dérivées ont leurs temps faibles et forts placés absolument de même que ceux des mesures simples ou radicales [1].

Voici enfin, pour mettre en pratique tout ce qui a été enseigné dans cette importante section, un *chant* dans lequel les six espèces de *notes de passage* sont présentées d'après l'ordre de leur nomenclature, afin d'être accompagnées, soit par une basse chiffrée, soit par sa réalisation pour le piano.

(1) La mesure à quatre temps est la radicale de celle à $\frac{12}{8}$ ;
la mesure à trois temps est celle de la mesure à $\frac{9}{8}$ ;
la mesure à deux temps est celle de la mesure à $\frac{6}{8}$ ;
et les mesures à $\frac{2}{4}$ et $\frac{3}{8}$ sont les dérivées de celles à deux et à trois temps

4.—Syncopes.
5.—Suspensions.
6.—Pédale simple sur la dominante.
Pédale sur la tonique.

Pédale double (tonique et dominante).

**Observation.** — Voici la basse de la mélodie précédente. Nous engageons fortement les élèves à ne la consulter qu'après avoir essayé d'en faire une eux-mêmes.

Pédale.

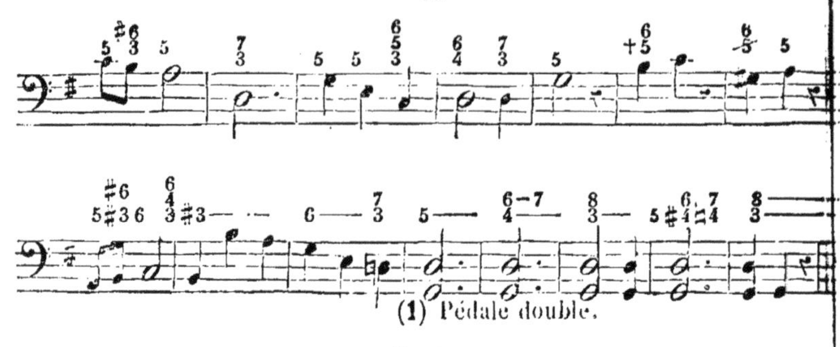


## § 10.

### DE LA PHRASÉOLOGIE MUSICALE.

Si l'on ne peut enseigner à personne l'art de créer la mélodie, fille de l'inspiration musicale, on peut au moins avancer que l'audition de beaux et nobles chants, et leur analyse intelligente, disposent merveilleusement à devenir créateur mélodique, pour peu qu'on se sente quelque disposition à ce genre de production.

Une phrase musicale est le produit de plusieurs sons qui, par l'arrangement qu'on leur donne, par les inflections différentes qu'ils subissent, et enfin par le genre du mode et un certain mouvement rhythmique, forment un tout absolu, musicalement parlant.

Une phrase est donc composée de parties symétriques qui se lient les unes aux autres. Ces parties prennent le nom de *membres de phrases* ou de *périodes mélodiques.*

Il y a des parties de phrase qui ne sont qu'incidentes dans le discours musical; elles servent à lier celles qui constituent le fond de la pensée mélodique.

Le premier membre de phrase s'appelle l'*antécédent;* le second qui, par sa forme, reproduit en quelque sorte la figure mélodique du premier, s'appelle le *conséquent;* et enfin le dernier, qui, comme nous venons de le dire, n'est que la liaison des deux parties de la phrase à la première partie de la seconde période, prend le nom d'*incident.*

Ces différents éléments de phrases symétriques forment un tout appréciable, et présentant à l'esprit un sens suivi, agréable ou véhément, suivant l'impression qu'on a voulu donner à la mélodie.

---

(1) On n'a chiffré, afin d'éviter de jeter de la confusion, que les rapports harmoniques supérieurs à la pédale-tonique.

Or, ce n'est qu'au moyen de modulations passagères, mais relatives entre elles, qu'on peut donner à la mélodie une succession d'intervalles dont le principal attrait est de charmer l'oreille en parlant au cœur.

Voici, relativement aux deux modes dans l'un et l'autre desquels s'écrit la mélodie, quelle est la marche la plus ordinaire à suivre pour enchaîner les différentes modulations.

Nous appliquerons cette double démonstration à la construction harmonique d'une romance, afin de nous renfermer dans les limites modestes que nous nous nous sommes tracées.

Dans le mode majeur, la mélodie ira au ton de la dominante du ton choisi; puis, après y avoir fait un petit repos, elle reviendra par le moyen de la septième de dominante à la tonique principale.

Dans le mode mineur, le champ de la modulation pourra être plus vaste. Car après avoir passé au ton majeur, dont la tonique principale est le relatif mineur naturel [1], elle reviendra sur la dominante du mineur principal, et, au lieu de conclure dans ce même mineur, elle terminera dans sa tonique synonyme majeure [2].

Exemple d'une mélodie *majeure* dans laquelle les membres de phrases sont indiqués suivant leurs qualités d'*antécédent*, de *conséquent* et d'*incident*, et dont les modulations sont analysées l'une après l'autre.

LE PETIT DOIGT, Musique de M. A. Romagnesi

(Extrait de la collection complète des romances de ce compositeur) [3].

(1) Comme de *la mineur* en *ut majeur*, par exemple.

(2) Un ton synonyme est celui qui ne diffère d'un autre ton que par la qualité majeure ou mineure de sa tierce, mais qui porte le même nom-tonique, comme, par exemple, les deux tons de *la mineur* et *la majeur* (avec trois dièses).

(3) Si nous nous sommes permis de reproduire ici deux des plus délicieuses mélodies du recueil si populaire de M. A. Romagnesi, ce n'a été que pour rendre notre démonstration plus efficace à nos lecteurs; parce que, depuis long temps, les inspirations de l'un de nos plus excellents compositeurs de romances sont familières à tous ceux qui aiment à répéter de doux et spirituels refrains

conséquent. deuxième conséquent.

premier membre incident servant à moduler sur la dominante. troisième antécédent; retour

(fin de la première période.)

à la tonique principale par la 7e dominante. troisième conséquent.

deuxième membre incident. troisième membre

incident. retour du premier antécédent.

(fin de la deuxième période.)

retour du deuxième antécédent. phrase incidente.

membre incident faisant le conséquent du premier membre incident dont il rappelle exactement la forme mélodique.

(fin de la troisième période.)

Autre exemple d'une mélodie *mineure* annotée de la même manière que la précédente.

SI ÇA T'ARRIVE ENCORE, musique du même compositeur.

En général, toute phrase qui n'a pas sa *correspondante* dans une même période doit prendre le nom de *membre incident*.

Nous terminerons ce paragraphe en faisant observer au lecteur qu'il faut éviter, lorsqu'on écrit une composition légère, de lui faire parcourir une série de modulations recherchées, et que la mélodie naïve de la romance, surtout, perd beaucoup de cette simplicité qui fait son plus grand charme si le compositeur emploie l'harmonie compliquée du genre enharmonique pour l'accompagner; ce qui, soit dit en passant, ne peut contribuer qu'à rendre les intonations vocales d'une exécution souvent insurmontable.

## § 11.

### DE LA BASSE SOUS LA MÉLODIE.

Maintenant que l'on connaît la marche modulante des mélodies majeure et mineure, nous allons exposer, le plus clairement possible, comment on doit procéder pour parvenir à accompagner un chant quelconque par une harmonie pure et nombreuse.

On doit, avant que d'écrire l'accompagnement d'une mélodie, observer :

1° Dans quel ton cette mélodie est écrite.

2° Quelles sont les modulations passagères des phrases principales ou incidentes.

3° Quelles notes du chant peuvent être *réelles* ou *passagères* relativement à l'harmonie qu'on supposera devoir les accompagner le plus convenablement ; et, enfin,

4° Quel est le caractère général de la mélodie, son mouvement lent ou vif, sa physionomie particulière.

Car, un chant expressif mais non rhythmé, et par conséquent d'une allure sévère, comporte une harmonie toute différente que celui dont le mouvement animé, spirituel, la désinvolture passionnée ou brillante forment le caractère distinctif.

Pourtant, la plupart des notes d'une mélodie, pouvant être parties intégrantes de plusieurs accords différents, il advient que le compositeur a la faculté d'accompagner cette même mélodie de dissemblables manières, parce que telles notes du chant, qui, par exemple dans un certain parti pris d'harmonie, eussent été *passagères*, deviennent *réelles* dans certain autre, *et vice versâ*.

De plus, une mélodie ou un fragment de mélodie peut, lorsque sa forme s'y prête, être considéré comme étant dans trois tons absolument différents. Dans ce cas, l'harmonie doit changer suivant chaque tonalité nouvelle.

Voici un fragment mélodique d'une forme très simple, dont les notes réelles ou radicales et passagères sont signalées, et sous lequel trois basses en *ut* majeur, en *la* mineur et en *fa* majeur sont posées alternativement.

N° 1. — D'UT MAJEUR modulant en SOL MAJEUR.

N° 2. — De LA MINEUR en MI MINEUR.

---

(1) Les notes surmontées d'une croix sont passagères. Cette remarque est faite également pour les numéros 2 et 3.

N° 3. — De FA MAJEUR en commençant par la dominante, passant sur la tonique, et retournant à la dominante.

NOTA. On a dû bémoliser le *si* à cause de la tonalité de *fa* majeur.

Ce fragment mélodique est susceptible de recevoir encore beaucoup d'autres basses, n'importe dans lequel des trois tons d'*ut*, de *la* ou de *fa* il soit censé écrit.

Nous ne saurions trop engager les élèves à imiter le genre de travail dont nous venons de leur offrir trois exemples. Sa pratique habituelle les mettra à même, en très peu de temps d'écrire, avec une très grande facilité la basse de n'importe quelle mélodie ; et, de plus, elle donnera beaucoup de flexibilité à leur style harmonique, parce qu'elle oblige à varier les accords autant de fois que la mélodie est considérée comme étant dans un ton nouveau.

Il sera bien aussi d'analyser des chants connus, de marquer par une abréviation chaque espèce de notes de passage relativement à l'harmonie indiquée par leurs auteurs, et de faire même sous ces motifs un accompagnement nouveau que l'on comparera ensuite avec celui du compositeur émérite.

On pourra aussi créer des chants sur les basses de mélodies célèbres : puis, on les rectifiera d'après les beaux modèles que l'on aura choisi ; ce dernier exercice apprendra l'art de moduler *mélodiquement* avec facilité et élégance.

Cependant la meilleure basse, et par suite le meilleur accompagnement, est toujours celle qui s'écarte le moins de la série d'accords relatifs au ton principal de la mélodie sous laquelle on l'a placée.

Pour prouver la vérité de cette assertion, voici un air de Mozart sous lequel trois différents genres d'accompagnement ont été écrits, et qui, tous les trois, n'ont entre eux que des rapports de tonalité indispensables avec la basse originale de l'auteur, basse que nous reproduirons plus loin.

AIR DU MARIAGE DE FIGARO, de MOZART, acte II, n° 2.

Malgré tout ce que peuvent offrir d'ingénieux les trois variations harmoniques qui précèdent, la basse de Mozart que l'on va lire est, à part le mérite transcendant du compositeur, celle qui doit être préférée, parce que, véritable reflet de la délicate mélodie qu'elle accompagne, elle a été conçue presqu'au même instant que cette dernière; car l'harmonie unie au chant se poétise, et un compositeur de génie, tel que l'était Mozart, avait en lui-même une faculté complexe de création : celle de la forme mélodique et de la couleur harmonique qui forment la dualité d'une véritable inspiration musicale.

Basse originale de l'Air de Mozart.

*N. B.* Cette basse, étant presque toujours fondamentale, nécessite absolument le complément harmonique des parties intermédiaires. (Voir la partition de Mozart.)

Voici, pour terminer cette importante section, une suite de petites leçons mélodiques dans chacune desquelles les six notes de passage sont employées suivant l'ordre de la nomenclature donnée page 25. Le lecteur, après avoir marqué d'une petite croix les notes radicales ou portant accord, ajoutera une portée inférieure sur laquelle il écrira la basse chiffrée.

N° 1. — Notes de passage simples.

N° 2. — Appoggiatures.

N° 3. — Anticipations.

N° 4. — Syncopes.

N° 5. — Suspensions.

**N° 6. — Pédale simple et double employées alternativement.**

*Allegretto pastorale.*

Pédale simple.

Pédale double.

Pédale simple.

Pédale double.

Pédale simple.

## § 12.

### DE LA FORME PRÉFÉRABLE A DONNER AUX ACCOMPAGNEMENTS DE PIANO.

Il ne faut pas, à l'exemple de certains compositeurs prétentieux, donner aux accompagnements de piano qu'on écrit la forme brillante du *concerto*, ou celle plus terne de la *sonate;* on doit, au contraire, s'imposer l'obligation d'être simple sans trivialité, quant au dessin des accompagnements, ce qui n'empêche pourtant pas de faire un riche choix d'accords.

La voix, ou le solo instrumental qu'on accompagne, devant fixer avant tout l'attention des auditeurs, un harmoniste, s'il a du tact, évitera de faire briller son savoir au dépend de l'effet mélodique, et il songera sans cesse qu'il doit mettre tous ses soins à soutenir la voix, ou l'instrument créé à son imitation, au lieu de l'étouffer par le vain étalage d'une science qui devient pédantesque du moment qu'on la prodigue mal à propos.

Enfin, l'accompagnateur choisira toujours de préférence les dessins les plus simples, parce qu'ils sont aussi les plus faciles à exécuter, et qu'une partie de piano, qui n'est pas concertante, doit se renfermer dans de sages et modestes limites.

Les considérations suivantes sur les différentes espèces de rhythmes que l'on emploie le plus souvent lorsque l'on accompagne la mélodie devront être méditées par le lecteur, jaloux de hâter ses progrès dans cette partie si importante de la pratique harmonique.

## § 13.

### DU RHYTHME MUSICAL. — NOMENCLATURE DE SES SIX DIFFÉRENTES ESPÈCES APPLIQUÉES A L'ACCOMPAGNEMENT DE LA MÉLODIE, PRINCIPALEMENT PAR LE PIANO.

Si le rhythme est l'ame de la musique, et peut même, par la seule force de son action sur l'organisme humain produire un très grand effet[1], on ne peut nier qu'appliqué sous différentes formes à l'harmonie accompagnatrice du chant il ne double encore les effets de ce principal moteur de tout plaisir musical.

Ce n'est donc pas du rhythme de la mélodie dont nous allons nous occuper, mais plutôt de celui qui peut être donné à l'accompagnement de piano d'un motif quelconque. Le rhythme, appliqué à l'accompagnement de piano, et même d'orchestre petit ou complet, est subdivisé en six espèces dont voici la nomenclature :

1° Rhythme passif.
2° — actif.
3° — divisionnaire.
4° — temps fort
5° — temps faible.
6° — arpége.

La plupart de ces différents rhythmes peuvent être réunis soit par deux ou par trois; mais, dans une sage pratique, on ne fait ordinairement usage que de deux rhythmes simultanés.

1° Le *rhythme passif* se produit en imitant dans toutes les parties les différentes valeurs de notes qui forment la mélodie accompagnée. Exemple :

(1) Témoin le tambour battant la générale un jour de danger. Et, qui n'a pas éprouvé que, par l'effet seul du rhythme d'un air populaire répercuté contre un corps dur, on le reconnait très facilement, quoique pourtant il soit privé de toute espèce de son musical remémoratif?

2° Le *rhythme actif* est celui qui a une physionomie particulière et plus mouvementée que celui du chant lui-même, quoique pourtant il imite ce dernier au moins dans une des parties accompagnatrices.

Exemple :

3° Le *rhythme divisionnaire* se produit en divisant la note la plus longue de la mesure dans laquelle la mélodie est écrite. Cette division se continue sans relâche, tandis que la mélodie accompagnée suit une marche plus calme ; et *vice versa*, si le chant est dans un rhythme animé. Exemple :

4° Le *rhythme temps-fort* est celui qui se frappe sur chaque temps fort de la mesure. Exemple :

5° Le *rhythme temps faible* se frappe sur chaque temps faible de la mesure. Il est assez rare d'employer ce dernier rhythme dans toutes les parties. Ordinairement on l'emploie simultanément avec le rhythme temps fort. Exemple :

6° Le *rhythme arpége* se produit en fesant entendre, soit à partir du temps fort, soit à partir du temps faible, et l'une après l'autre, les notes que forment les accords de l'harmonie accompagnatrice. Ce rhythme, quoique jetant un peu d'indécision dans la mesure, cause souvent un très bel et très solennel effet; surtout lorsque la mélodie supérieure a un caractère religieux ou affectueux.

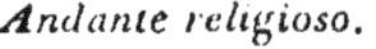

*Andante religioso.*

rall.
colla voce.
(rhythme temps faible.)
1° tempo.
p cres - cen - - do f
(rentrée du rhythme arpege.)

L'on a dû remarquer que la basse, dans l'un ou l'autre rhythme, frappe presque toujours le premier temps fort. C'est afin de maintenir la régularité de la mesure que la plus grave partie de l'harmonie divise ainsi les temps en espaces égaux.

Enfin, c'est par la lecture et l'audition suivies de morceaux accompagnés, soit par l'orchestre ou le piano, que le lecteur se mettra à même de savoir choisir bientôt avec discernement quelle espèce de rhythme il doit employer de préférence lorsqu'il veut accompagner n'importe quel genre de mélodie que ce soit.

# TROISIÈME PARTIE.

## CONSEILS AUX PIANISTES

### SUR L'ACCOMPAGNEMENT DE LA PARTITION ET LA TRANSPOSITION MUSICALE, APPLIQUÉE A LEUR INSTRUMENT.

### § 1.

### DE LA TENUE D'UNE OU PLUSIEURS NOTES DANS LES ACCORDS.

Lorsqu'une ou plusieurs notes sont communes à des accords qui se succèdent, l'accompagnateur pianiste doit laisser la main en place et exécuter cette tenue de mêmes notes aux mêmes doigts; cela donne plus d'égalité au jeu, en liant davantage l'harmonie. Exemple:

## § 2.

### DU TRAIT PLACÉ SUR PLUSIEURS NOTES DE BASSE.

Lorsque le trait suivant : —— est placé sur plusieurs notes de basse, il signifie que l'harmonie ne change pas, et que ces mêmes notes sont, ou intégrantes à l'accord, ou de passage. Exemple :

Quelquefois aussi, on place d'abord un 8 suivi du trait, tandis que chaque note de la basse est chiffrée d'un 3 : cela indique à l'accompagnateur qu'il devra tenir l'octave du premier son de la basse tandis qu'une partie intermédiaire marchera en tierce avec cette dernière. Exemple :

## § 3.

### DE LA MAIN GAUCHE LORSQU'ON ACCOMPAGNE.

Lorsqu'on accompagne, soit une basse chiffrée, soit un morceau quelconque dont on réduit la partition d'orchestre pour le piano, il faut.

autant que possible, exécuter la partie de basse en octaves à la main gauche. Ce procédé très simple donne plus de sonorité à la partie grave de l'harmonie.

## § 4.

### DU *TASTO SOLO.*

Lorsque ce mot est écrit au-dessus d'une basse d'accompagnement, il signifie qu'on ne doit pas faire l'harmonie naturelle et supérieure à cette basse, mais bien cette dernière partie toute seule, et telle quelle est écrite.

## § 5.

### DE L'ABSENCE DE CHIFFRES SUR UNE BASSE.

Si le compositeur n'a pas posé de chiffres sur la basse d'accompagnement, le pianiste ou l'organiste fera l'accord parfait naturel à chaque note ainsi privée d'indication harmonique. Quelquefois, un des trois signes accidentels est placé au-dessus d'une ou de plusieurs notes, mais sans adjonction de chiffre. Dans ce cas, l'accompagnateur donne à la tierce de l'accord parfait, dont le son fondamental est placé à la basse, la qualité accidentelle indiquée par le signe altératif lui-même.

## § 6.

### DE LA POSITION, A LA MAIN DROITE, DES NOTES DE L'HARMONIE FORMANT LES ACCORDS.

Les accords de trois sons ont trois positions supérieures différentes, qu'ils soient ou non à l'état direct ou renversé.

L'accord est à la *première position* lorsque la note la plus élevée fait l'*octave* de la basse.

Il est à la *seconde position* lorsqu'elle fait la *tierce*. (Cette position est la plus harmonieuse).

Il est à la *troisième position* lorsqu'elle fait la *quinte*. Exemple :

1re position 2e position 3e position.

5 5 5

Les accords de quatre sons ont quatre positions supérieures différentes, quelque soit aussi leur état direct ou renversé; cependant les deux sixtes augmentées n'ont que trois positions.

Elles sont à la *première position* lorsque la note la plus élevée fait la *sixte augmentée* elle-même.

Elles sont à la *seconde position* lorsqu'elle fait la *tierce*. (Cette position, ainsi que la première, sont très harmonieuses.)

Ellessont à la *troisième position* lorsque la partie haute fait la *quinte* de l'accord, ou la *quarte* lorsque c'est la sixte et la quarte augmentées. Exemple :

Première position. Seconde position. Troisième position.

+6 ou +6 +4 — +6 ou +6 +4 — +6 ou +6 +4

Toutes les septièmes, quelque soit leur espèce, sont à la *première position* lorsque la note la plus élevée fait la septième de l'accord.

Elles sont à la *seconde position* lorsqu'elle fait l'octave de la basse.

Elles sont à la *troisième position* lorsqu'elle fait la tierce; et, enfin, à la *quatrième position* lorsqu'elle fait la quinte de l'accord lui-même.

1re position. 2e position. 3e position. 4e position.

Les accords de cinq sons ont cinq positions.

Les neuvièmes majeure et mineure sont à la *première position* lorsque la note la plus élevée fait la neuvième. Elles sont à la *seconde position* lorsqu'elle fait la tierce; à la *troisième position* lorsqu'elle fait la quinte; à la *quatrième position* lorsqu'elle fait la septième, et, enfin, à la *cinquième position* lorsqu'elle fait l'octave de la basse.

De toutes ces positions, la première et la seconde sont les plus harmonieuses.

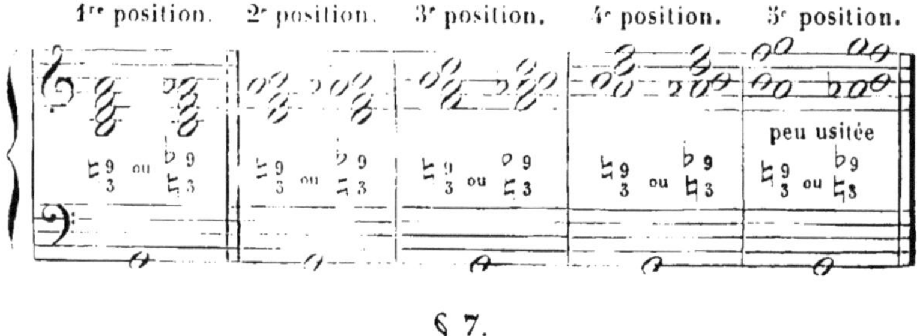


§ 7.

### DES INSTRUMENTS DE L'ORCHESTRE QUI SE TRANSPOSENT LORSQU'ON RÉDUIT UNE PARTITION POUR LE PIANO.

Les cors anglais, clarinettes, trompettes et cors ordinaires sont, de tous les instruments de l'orchestre, les seuls qui exigent une transposition de la part de l'accompagnateur pianiste. Toutes les voix humaines, ainsi que les autres instruments, s'exécutent dans le ton où ils sont écrits.

C'est par la substitution des clefs non écrites aux clefs ostensibles que s'opère la transposition musicale. Avant d'entrer dans de plus longs détails à ce sujet, disons d'abord que :

La clarinette en *ut* exécute telle qu'elle est écrite, c'est-à-dire en *clef de* SOL deuxième ligne.

Les clarinettes en *la* et en *si bémol*, quoique écrites également en *clef de* SOL deuxième ligne, exécutent, la première (en *la*) en *clef d'*UT première ligne, à laquelle on ajoute mentalement trois dièses, et la seconde (en *si bémol*) en *clef d'*UT quatrième ligne, à laquelle on ajoute aussi mentalement deux bémols.

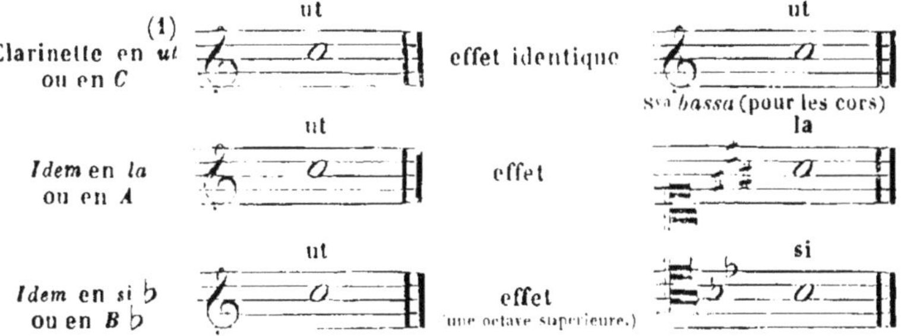


Les cors anglais s'écrivent aussi sur la *clef* de SOL deuxième ligne; mais on doit les transposer mentalement en *clef* d'UT seconde ligne, et ajouter un bémol à la clef, parce qu'ils exécutent en *fa* majeur.

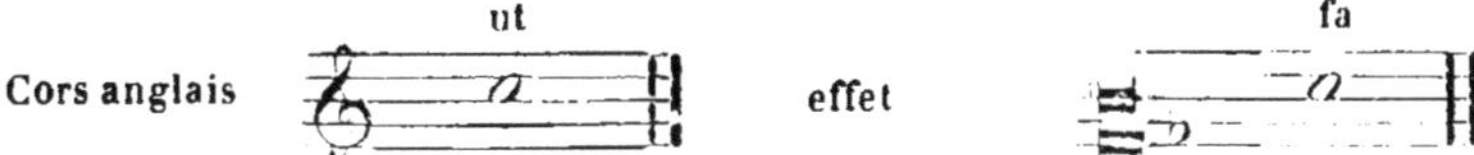


Les trompettes et les cors de toutes les espèces jouent toujours en *ut* ostensiblement; mais, au moyen de corps de rechange, on obtient autant de nouvelles toniques qu'il y a de degrés naturels ou bémolisés dans une gamme. Cette disposition oblige l'accompagnateur à connaître les clefs à leurs différentes positions, même celles le moins usitées. Exemple :

---

(1) Les Allemands et les Italiens indiquent le ton des instruments transpositeurs au moyen des lettres-notes: *C* (*ut*), *D* (*ré*), *E* (*mi*), *F* (*fa*), *G* (*sol*), *A* (*la*) et *B* ou *H* (*si*) qui, encore aujourd'hui, forment l'alphabet musical des peuples du Nord.

Remarquons seulement que les trompettes et cornets à pistons exécutent une octave au-dessus de la note écrite.

*Nota.* Quand les cors sont en *si bémol* aigu, il faut les exécuter comme les trompettes, une octave au-dessus de la note écrite.

Quant à l'exécution au piano de certains instruments de percussion, tels que les timballes, par exemple, disons qu'elles ne peuvent rendre que deux sons de l'accord parfait (la tonique et la dominante), et qu'on les écrit et les exécute en clef de *fa* quatrième ligne. Cependant, certains compositeurs, et Mozart entre autres, transposaient les timballes dans toutes les clefs en les accordant toujours ostensiblement en *ut - sol*, quelque fût le ton du morceau. Si ce cas se présentait à l'accompagnateur pianiste, il ferait un travail mental de transposition absolument identique à celui qu'exigent les trompettes et cors, alors qu'ils sont écrits dans un tout autre ton que celui d'*ut majeur*.

Ajoutons que les grosse caisse, cymballes, tambour, triangle et tam-

tam, n'ayant pas de son précis, et ne s'écrivant que pour indiquer l'effet rhythmique qu'ils doivent produire, l'accompagnateur imitera ce dernier effet en exécutant une ou plusieurs notes faisant parties intégrantes à l'harmonie au milieu de laquelle ces différents instruments de percussion sont placés.

Le bon goût, dans ce cas, sera d'un meilleur conseil que les avis de la théorie la plus minutieuse.

§ 8.

### DU DIAPASON DES CLEFS DANS LA TRANSPOSITION MUSICALE.

Lorsqu'on transpose une voix ou un instrument dans une clef étran gère au diapason naturel à cette voix ou à cet instrument, il ne faut pas exécuter dans la région naturelle à la clef transpositrice, mais bien dans celui de la clef changée.

Ainsi, les *clefs de* SOL deuxième et *d'*UT première lignes étant affectées aux voix de soprano, et la première aux violons, flûtes, hautbois, clarinettes, trompettes et cors en *ut* ou en *la*, et clarinettes en *ut* ou en *la*, il serait mal, et même souvent impossible, de vouloir exécuter dans le diapason de la *clef de* FA quatrième ligne, par exemple, une de ces voix ou instruments, si la transposition exigeait l'emploi de cette clef destinée à la voix de basse ou aux parties graves de l'orchestre.

Exemple d'une phrase en *ut*, pour soprano (en *clef de* SOL deuxième ligne), transposée en *mi bémol* (*clef de* FA), avec la renotation mentale en *clef de* SOL primitive que doit faire le chanteur.

TRANSPOSITION en *mi* bémol majeur.

Renotation dans le diapason primitif.

Cette observation importante s'appliquera à toutes espèces de transpositions à venir.

La contre partie a lieu si l'on veut transposer une phrase de basse-taille écrite (en clef de *fa* quatrième ligne) en clef de soprano (clef de *sol* deuxième ligne). Exemple :

## § 9.

### DE LA RÉDUCTION AU PIANO D'UNE PARTITION D'ORCHESTRE.

Il faut toujours, lorsque l'on réduit une partition d'orchestre au piano, avoir le soin d'exécuter les mélodies supérieures à la main droite, et de répéter à la gauche toute espèce d'accompagnement. Le petit doigt et le pouce font le premier temps de la basse en octaves, et les autres doigts de la main gauche prennent de suite le remplissage des autres parties intermédiaires accompagnatrices.

Si deux dessins ou traits d'orchestre se contrarient sous une mélodie essentielle à faire exécuter par la main droite, on choisit le plus saillant de ces deux dessins et l'on se prive de faire entendre le second.

La clarinette et le hautbois, jouant à l'unisson de diapason, lorsqu'une phrase écrite à la flûte sera doublée pour l'un de ces deux instruments on l'exécutera en octaves à la main droite.

Si la phrase est affectée à la petite flûte, on l'exécutera une octave supérieure à la note écrite, parce que cet instrument est le plus aigu de tous ceux de l'orchestre, et qu'il rend les notes une octave supérieure à leur notation ostensible.

Afin de s'exercer avec progrès à la réduction de la partition au piano, on ne devra se livrer à cette étude que sur des ouvrages simplement écrits, tels que ceux de Grétry, Dalayrac, etc.; enfin, ce n'est qu'après un certain laps de temps que l'on pourra aborder les grandes partitions de Mozart, Beethoven, Weber, Rossini et Meyerbeer.

## § 10.

### DES CHANGEMENTS QUE SUBISSENT LES DEUX CLEFS DU PIANO, AINSI QUE LES TROIS SIGNES ACCIDENTELS DANS LA TRANSPOSITION

A tous les degrés de la gamme, en partant du ton d'*ut majeur;*

SUIVIS DE DEUX TABLEAUX COMPARATIFS A L'USAGE SPÉCIAL DES PIANISTES.

Lorsque l'on transpose à quelque degré que ce soit un accompagnement de piano, les deux clefs de *sol* (deuxième ligne) et de *fa* (quatrième ligne) sont remplacées mentalement par deux autres clefs dans lesquelles la tonique primitive doit, sans changer de place, porter un autre nom et avoir une nouvelle intonation.

Si les clefs se métamorphosent, les ♯, ♭ et ♮ accidentels subissent également un changement mental de forme et par conséquent de signification. Cependant, ces trois signes d'altération conservent, quoique transposés, la qualité naturelle à chacun d'eux.

Voici deux tableaux comparatifs dans lesquels une mélodie en *ut majeur,* et son accompagnement de la main gauche, sont transposés dans tous les tons diésés et bémolisés, et dans lesquels, outre les clefs nouvelles, on verra quelles transformations subissent les trois signes accidentels. De plus, chaque transposition des deux clefs, qui ne doivent être que mentalement posées, y est renotée dans les deux clefs de *sol* et de *fa,* armées des signes nécessaires,suivant l'ordre des tons.

L'étude attentive de ces tableaux, jointe à une pratique journalière, formeront en peu de temps les pianistes à devenir d'exellents transpositeurs. Ce talent est moins commun qu'on ne pourrait le supposer; car, parmi nos brillants virtuoses pianistes, il en est plus d'un qui ignore complètement les premiers éléments de cette partie si utile de l'art de l'accompagnement.

## PREMIER TABLEAU. — TRANSPOSITION DANS TOUS LES TONS DIÉSÉS.

Les deux clefs étant identiques à celles du thême en *ut* naturel majeur, on n'a pas dû les reproduire une troisième fois; seulement, le lecteur remarquera que, dans une transposition semblable, le dièse simple accidentel se change en double-dièse.

## DEUXIÈME TABLEAU. — TRANSPOSITION DANS TOUS LES TONS AVEC BÉMOLS.

Les deux clefs étant identiques à celles du thème en *ut* naturel majeur, on n'a pas dû les reproduire une troisième fois; seulement, le lecteur remarquera que, dans une transposition semblable, le bémol simple accidentel se change en double-bémol.

Si, comme on l'a dû rema[illegible], les dièses restent dièses dans les tons diésés transposés, on remarquera, par contre, que, dans ceux bémolisés, les dièses deviennent des bécarres.

Dans les premiers, les bémols se changent en bécarres; dans les seconds, ils restent bémols; et, enfin, dans les uns et les autres, les bécarres conservent leur qualité, sauf les deux derniers tons diésés et bémolisés des deux tableaux dans lesquels ce signe, toujours accidentel, se reproduit suivi soit du dièse ou du bémol nécessaire, suivant le genre diésé ou bémolisé de la transposition.

## CONCLUSION.

La théorie, sans son application, devient une lettre morte; et, quelque soit le soin apporté dans la rédaction d'une méthode, sa lecture portera peu de fruits si on n'y joint pas la pratique, qui, mieux que l'écrit le plus lumineux, éclaire sur une foule de détails trop oiseux pour être consignés, mais dont pourtant la perfection de l'exécution harmonique ou purement matérielle a le plus grand besoin pour atteindre ses dernières limites.

Que nos lecteurs ne quittent jamais une section sans l'avoir expérimentée à leur piano, et nous pouvons leur prédire de prompts et fructueux résultats.

FIN.

# TABLE DES MATIÈRES.

## TROISIÈME PARTIE.

### CONSEILS AUX PIANISTES SUR L'ACCOMPAGNEMENT DE LA PARTITION ET LA TRANSPOSITION MUSICALE APPLIQUÉE A LEUR INSTRUMENT.



FIN DE LA TABLE DES MATIÈRES.

# THÉORIE MUSICALE

## SOLFÉGE PROGRESSIF

CONTENANT

UNE SÉRIE D'EXERCICES A DEUX VOIX ÉGALES OU [illegible]

PAR A. ELWART

Ex-pensionnaire de France à Rome, Professeur d'Harmonie au [illegible]

PRIX NET : 1 FR. 50 C.

# FEUILLE HARMONIQUE

CONTENANT

LA THÉORIE ET LA PRATIQUE DE TOUS LES ACCORDS

DU SYSTÈME MODERNE

PAR A. ELWART

PRIX NET : 75 C.

# TRAITÉ D'HARMONIE

PAR

HENRI REBER

MEMBRE DE L'INSTITUT

PROFESSEUR DE HAUTE COMPOSITION AU CONSERVATOIRE DE MUSIQUE

PRIX NET : 18 FR.

*Ouvrage adopté par le Conservatoire de Musique.*

PARIS,

COLOMBIER, Éditeur de Musique

*6, rue Vivienne, au coin du passage Vivienne.*

Paris. — Imprimerie de Adolphe Lainé, rue des Saints-Pères, 19.

www.ingramcontent.com/pod-product-compliance
Ingram Content Group UK Ltd.
Pitfield, Milton Keynes, MK11 3LW, UK
UKHW020934180726
13838UKWH00002B/947

9 782329 376554